让课堂充满幸福

——高中古诗文美育策略研究

陈默 著

西南交通大学出版社
·成 都·

本著作以现行人教版普通高中课程标准实验语文教科书（必修）为蓝本进行古诗文美育策略研究。作者探索出古诗文教学美育实施策略为：挖掘美育因素，形成资源；呈现美育因素，入情入境；回味鉴别感悟，和谐共生；引导筛优演绎，人人出彩。最终实现个体发挥，各美其美；师生合作，美美共生；师生创造，人生幸福。

图书在版编目（CIP）数据

让课堂充满幸福：高中古诗文美育策略研究 / 陈默著. —成都：西南交通大学出版社，2017.4
ISBN 978-7-5643-5418-3

Ⅰ. ①让… Ⅱ. ①陈… Ⅲ. ①古典诗歌－中国－教学研究－高中②文言文－教学研究－高中 Ⅳ. ①G633.302

中国版本图书馆 CIP 数据核字（2017）第 083965 号

Rang Ketang Chongman Xingfu

让课堂充满幸福

——高中古诗文美育策略研究

陈默 著

责任编辑	梁 红
封面设计	严春艳
出版发行	西南交通大学出版社 （四川省成都市二环路北一段 111 号 西南交通大学创新大厦 21 楼）
发行部电话	028-87600564 028-87600533
邮政编码	610031
网 址	http://www.xnjdcbs.com
印 刷	四川煤田地质制图印刷厂
成品尺寸	165 mm × 230 mm
印 张	8.75　字 数　149 千
版 次	2017 年 4 月第 1 版　印 次　2017 年 4 月第 1 次
书 号	ISBN 978-7-5643-5418-3
定 价	30.00 元

追寻语文的丰盈与幸福

（序言）

虽同为高中语文教师，奈何中国太大，语文教师太多，致使我与陈默老师各自围绕着自己的语文课堂运转多年，却从未形成交集。承蒙《中学语文教学参考》美女编辑曹海英的牵线搭桥，让我有缘结识了天府之国的这位青年才俊，初步知晓了他的语文美育观，知晓了他的高中古诗文美育策略研究。

正如这部著作的名称一样，我在三十余年的语文教学中，也是一向秉承着快乐学习的理念，致力通过各种路径营造语文课堂教学中的真善美。我始终认为，语文学习的最高境界，是精神的愉悦、思维的活跃、情感的幸福、生命的丰盈。我们每天面对的那些课文，尤其是经历了千百年风雨洗礼的古诗文，哪一个句子哪一个字不是前贤人生智慧的凝聚？面对着这样的文本，身为语文教师的我们，有责任有义务引领着我们的学生，经由当下生活的此岸，走向那古老却又永远年轻的彼岸。那里虽没有玄幻穿越，没有互联网，却有落英缤纷，有草长莺飞，有无数个高尚的灵魂在浅吟低唱。

我相信，陈默老师乐意于接受我的这份主张。因为，他潜心钻研了十一年的古诗文美育课题，正是源于他对这样的主张的实践与反思。十多年间，他如所有“戴着镣铐舞蹈”的语文人一样，一方面疲于迎战一份份试卷、一道道试题，一方面乐此不疲地钻研着高中古诗文教学的美读、美品和美写。他关注着高中古诗文文本中的美丽景物、美丽语言和美好情怀，努力挖掘着古诗文文本中的美育因素及应用价值，归纳着高中古诗文教学中的美育策略，并最终形成了“挖掘美育因素，形成资源；呈现美育因素，入情入境；回味鉴别感悟，和谐共生；引导筛优演绎，人人出彩”的操作策略。

这部专著中，陈默老师以建设“美教美学，各美其美；美教美学，美美共生；美教美学，美丽人生”的幸福的古诗文课堂为目标，以教科书为美育资源，以课堂为美育实施平台，将美育教育融入语文教学的常态化实践。由他呈现的诸多教学案例可见，他不仅在理论上形成了自身的独特认知体系，而且在实际教学中也作出了确有成效的探究。他们师生合作挖掘美，呈现共赏认同美，入情入境欣赏美，人人精彩创造美。课堂教学步骤清晰，操作便捷。由此而形成的教学科研成果亦相对丰硕。

作为一位虽历经了多种语文的劫难却始终坚信语文拥有美好未来的语文人，我对语文学科教学一向持有一份近乎病态的痴迷。我始终相信，在高考这株因变异而硕大无朋的树的身旁，还有无限美好的花草存在着。语文教师的责任与使命，不在于把自己和学生一起聚拢到高考这一棵树的阴凉下，而是要把自己和学生一起带入唐诗宋词的百花园，带入诸子百家的精神圣地，带入现当代文学的藏宝地，让孩子们去与圣者对话，与贤者恳谈，与智者交流，与信者聊天。我想，陈默老师在这部专著中想要告诉读者的，应该正是这些。

让课堂充满幸福，这是陈默老师的追求，也是我的追求，是所有语文人的追求。

是为序。

刘　祥

丁酉年二月初十日于真州

专家简介：刘祥，中学语文特级教师，正高级教师，江苏省教学名师。著有《语文教师的八节必修课》《中学语文经典文本解读——第三只眼看课文》《追寻语文的“三度”》等专著十部，发表文章八百余篇，在全国各地开设示范课、专题讲座百余场。

走在幸福的教学路上

（自序）

美育是培养学生认识美、发现美和创造美的教育，它广泛而深入地影响着学生的情感、想象、思想、意志和性格，对德育、智育、体育乃至其心理层面的发展、社会层面的发展都会产生积极的影响。可见，美育是教育不可或缺的一部分，美育为学生的一生幸福奠基。但现实情况是高中语文古诗文作品中的美育因素颇丰，高中古诗文教学中美育并没有得到应有的重视。

今天不少普通高中学校的教师和学生为了在高考中取得更好的成绩，大多没有搞清美育的概念，忽略了美育的价值，更没尝试如何探索学科教学中美育的实施策略，更谈不上让美育进入“常态化”。高中美育应当从文学教学做起，尤其是从古诗文教学做起，教师要引导学生发掘古诗文中的美育因素，包括古诗文作品中那些典型的地理环境、“比德”“畅神”的自然景物、丰富的人文内涵和充盈的言外之意。从创设美育境场、激活审美情趣和鼓励创造做起，通过认识作家的思想情感、文化心理、文化性格、审美情趣来实现美的熏陶、美的感知和情感共鸣，提升美育在师生心目中的地位；达到通过美育陶冶学生性情、培养其独立人格和创造精神的目的。做一个对学生终生发展负责的语文教师，应当响应党的号召，顺势而为，开展美育教育，对古诗文教学中的美育实施策略进行探究。

国内外关于美育的研究成果丰硕，但这类研究探讨的问题主要集中在美育的概念、美育的地位、美育的价值及功能，却忽略了对高中语文古诗文教学中美育缺失原因的分析、美育实施可能性的分析、美育因素挖掘的研究、美育承担主体的研究和美育实施路径的研究。

为什么对学生的发展和终生幸福如此重要的美育反而在教学中受到冷落？如何看待高中语文教科书中古诗文的美育因素？如何挖掘这些美育因素？教师如何应用这些美育因素有效地实施美育？

带着这些困惑，笔者从心理学、教育学以及美学的角度，以 2004 年初审通过的人教版（现行版）普通高中课程标准实验语文教科书（必修）为蓝本，研究高中语文古诗文教学的美育现状、美育因素及其当代价值，对2004年初审通过的人教版（现行版）普通高中课程标准实验语文教科书（必修）与2002年审查通过的人教版全日制普通高级中学语文教科书（必修）的古诗文作品选目作比较，针对高中学生这一审美群体对当前美育对象及美育实施主体进行研究，探索可操作的高中语文古诗文教学中美育的实施路径。实施过程中，师生人尽其才，各美其美，升华了情感，收获了幸福。

陈　默

2016年11月20日于四川省成都市武侯高级中学

目　录

认识篇——苦教苦学，苦探苦索

操作篇——美教美学，美美共生

成果篇——美教美学，美丽人生

师生幸福

认识篇——苦教苦学，苦探苦索

《人民教育》指出审美情趣是中国学生发展核心素养的重要组成部分。2004年初审通过的人教版（现行版）普通高中课程标准实验语文教科书（必修），共65课选文，其中古诗文32课（45篇/首），加上《论语》《红楼梦》《三国演义》3部名著导读作品，古诗文占据了半壁江山，是培养学生审美情趣的不二素材。然而，今天的高中古诗文课堂上教师拼命讲文言现象、鉴赏答题技巧，学生忙于积累、刷题，师生为了应付高考疲于奔命。古诗文中的精髓对人的熏陶和影响不大，古诗文考题令学生望而却步、得分率低；语文学科考试得分差距不大，学生学习索然无味，学科地位低下。普通高中语文学科素养要求学生有审美鉴赏与创造能力，但目前高中学生毫无审美积淀，涉及审美情趣、人生态度、人格精神，学生便毫无反应，甚至对古代英雄的见义勇为品质、潇洒风度、沉勇性格、处士精神毫无了解，也难以理解他人的悲悯情怀；对问题的理解肤浅而偏颇。无美之育，师生啼笑皆非。今天的古诗文教学课堂的状况如何？幸福的古诗文教学课堂是什么？

古诗文教学中的美育缺失——苦不清晰

在2004年初审通过的人教版（现行版）普通高中课程标准实验语文教科书（必修）中，美育因素丰富，缘何多数师生毫无关注、毫无应用呢？师生在课堂如何认识和实施美育的呢？

一、美育缺失

在高中语文的古诗文教学中，教师和学生鲜有美育印象，没有美育活动，美育缺失，学生体验、欣赏、评价、表现和创造美的能力及品质无从谈起，原因如下：

（一）美育概念模糊

师生在教与学活动中，没有将美育就是灵活地借助各种情景、活动、技艺来彰显事物的美、人的美、生活的美，转化为世界之于人的意义，并使人更加自由、自觉地创造意义的观念根植于头脑中。语文教师没有将培养学生发现美、认识美和创造美落实于语文教学环节中。教师和学生鲜有人清醒地认识到高中语文教科书中古诗文的美育因素的存在，更没有意识到美育会提升人的幸福生活指数。在整个高中语文古诗文教学活动中，美育概念模糊、美育思想淡薄、美育氛围缺乏、美育因素没有充分挖掘、美育手段疲软，教与学的过程中没有美育活动。

（二）美育有名无实

党的十一届三中全会以后，美育被纳入了社会主义教育体系，美育在社会主义教育中的独特地位得以确立。要求学生德、智、体、美、劳全面发展。在高中语文古诗文教学活动中，很多篇目本身就具有德育教育意义，如：陶渊明的《归园田居》中“久在樊笼里，复得返自然”一句体现了对官场黑暗的不满和回归自然的怡然自得；曹操的《短歌行》中“明明如月，何时可掇”体现了对贤才的渴望；杜甫的《秋兴八首》（其一）中“寒衣处处催刀尺，白帝城高急暮砧”有思乡怀人之情怀，教师也会在教学中主动渗透德育教育，引导学生向善、立德。而智育在高中语文教学中是以考试来督促教与学的，属于力度最大、师生重视程度最高的一环。而高中语文教学活动中的美育却一直处于松散无序状态，无教学计划、无教学目标、无督促手段，美育在高中语文古诗文教学活动中有名无实、地位不明。

（三）美育效果无检测

《关于全面加强和改进学校美育工作的意见》国办发〔2015〕71号明确指出："坚持育人为本，面向全体，让每个学生都享有接受美育的机会。"该文件从国家层面进一步确立了美育在社会主义教育中的独特地位。但在高中语文古诗文教学活动中，因为考试大纲没有明确规定怎么检测，因此，美育沦为了师生的自觉行为，既没有实施细则，也没有过程监管，更没有检测手段。

（四）美育境场缺失

美育境场就是我们常说的"美的意境"，就是超越具体的、有限的物象、事件、场景，进入无限的时间和空间，从而对整个人生、历史、宇宙获得一种哲理性的感受和领悟。在高中语文古诗文教学过程中，由于古今语言环境的差异导致学生理解有难度，教师在古诗文教学过程中注重通假字、偏义复词、一词多义、古今异义、虚词的意义和用法、特殊句式的翻译、古诗文鉴赏九大题型的答题模式训练、名篇名句的背诵等的落实，而忽视了高中语文教科书古诗文作品中典型的地理环境、"比德""畅神"的自然景物、爱国爱民因素、道德传统、崇德修身因素、仁爱和谐因素、人伦纲常因素、情爱婚恋因素、文化精神的多元取向、独特的意境和丰富的言外之意等美育因素的挖掘及应用。教师没有美育意识，没有通过师生活动来创设境场，引导学生入情入境地行动，学生不能通过色、声、嗅、味、触五觉进入境场，感受美的熏陶，实现美的欣赏和创造。

【案例分享1】

《琵琶行》——教无乐

《琵琶行》是白居易和琵琶女相遇相知相惜的共鸣之作，文本中涵盖大量的音乐描写句，包括弹奏技巧和音乐效果描写。笔者观课发现极少有教师在教学中做了配乐引导，学生对文本音乐的精妙并没有多少感悟，对音乐效果毫无反应。

陈默点评 教学中没有通过音乐氛围创设引导学生，美育境场缺失。

教师应该在教学中配以琵琶名曲，引导学生入境感知音乐之美，形成共鸣方有深刻理解。

二、美育缺失的原因

美育的地位独特，作用巨大，党和国家高度重视。2004 年初审通过的人教版（现行版）普通高中课程标准实验语文教科书（必修）古诗文中美育因素颇丰，但在高中古诗文教学中美育迟迟得不到落实，原因如下：

（一）美育责任不明

所谓美育责任，即培养学生“健康高尚的审美情趣和一定的审美能力”的任务。2004 年初审通过的人教版（现行版）普通高中课程标准实验语文教科书（必修）古诗文选篇是文章精华、文学名篇，熔自然美、生活美、艺术美、语言美、情感美于一炉。鲜明、优美的形象、独具特色的自然美景、诗情画意的艺术境界都能使学生受到感染和熏陶。但由于应试的要求，教师和学生都为了应对高考，教师没有主动承担美育责任，美育责任没有明确规定。因此，教师在教学过程中没有通过启发、展现、引导和促进手段让学生去感悟、发现美，没有引导学生完善审美心理。

（二）教学目标影响美育

目前，高中语文教学注重“三维”目标，即知识与能力，过程与方法，情感态度、价值观；看上去很全面，但到了真正的教学过程中，就只剩下知识与能力是师生关注的焦点了。在听课中，笔者发现一教师在教授苏轼的《念奴娇·赤壁怀古》的过程中，教师应用多媒体投射的教学目标是：理解词的语言特色和表现手法。这种教学目标明显对准高考，让学生学会读懂诗词的大意，让学生学会分析诗词的表达技巧，缺乏教学过程中的美育。没有让学生通过品读诗词感受作者抒发的情感；没有让学生去感悟作品中的壮美山川、俊杰人物，没有让学生去学习苏轼的旷达胸襟和进取精神，缺乏情感态度和价值观的体验。该教师在教学过程中没有关注美育的实施。

（三）社会功利影响美育

21 世纪，工业化、商品化、市场化、高科技化等物质文明在给人们带来无尽的物质享受的同时，也令一部分人人格缺失。一些家长受到社会功利的影响，总是想让自己的孩子通过高考走进一流大学，便于他们能够找更好的工作，创造更多的财富。因此，在功利色彩明显的社会背景下，他们的双眼总是紧盯学生的考试分数，唯“智育课堂”为尊。甚至有学生认为教师挖掘那些“辅翼道德，涵养性情”的因素让学生鉴赏实属多余，觉得与自己毫无关系。在这种背景下，教师不敢轻易开设除有利于高考知识储备之外的课程。

古诗文教学中的美育缺失，让师生饱受应试之苦，对于古诗文中的美无发现、无体验。这种苦的根源，在于对美育概念、美育地位、美育责任的不清晰。

古诗文教学美育实施困难——苦无抓手

即使今天，我们对美育的价值有发现，把实施美育作为自觉的教学追求，并愿意付诸实践，但古诗文教学美育实施仍然困难不已，饱受无依托、无抓手之苦。

一、课本直觉形象单一，难以刺激审美直观

黑格尔说："美只有通过形象才能表现出来。"车尔尼雪夫斯基说："形象在美的领域里占统治地位。"心理学研究证明用语言介绍一种物品，人的识别时间是 2.8 秒；展示实物，识别时间是 0.4 秒。可见直觉形象对审美的特殊意义。审美直觉律的关键是形象把握，形象性是美的首要特性。但是，由于教科书受到篇幅的限制，选材往往只通过文字显现出来，而缺乏形象直观的表现与交流语言，尽管 2004 年初审通过的人教版（现行版）普通高中课程标准实验语文教科书（必修）运用了彩版印刷，直观形象明显多于 2002 年审查通过的人教版全日制普通高级中学语文教科书（必修）及以前各版教科书，但绘画语言（线条语言要素、明暗语言要素、色彩语言要素和形状语言要素）仍不够。因此，师生在鉴赏文本的过程中缺乏对事物的起伏、优雅、动感和意境的直观把握。教师在教学中无从直观地启发学生、引导学生对美的事物进行欣赏、讨论和评述。学生鉴赏美则需要各种认知因素的培育，包括：对文字感知能力的培育，对文字的分析、综合、回想、联想、想象能力的培育。而理论分析和抽象概括只能在美育活动中起到局部作用。美育是以美的形象为主要手段的，需要语文课本中的五光十色、多姿多彩的审美形态和审美范畴。这些恰恰是教科书所缺少的，给美育实施带来了一定的难度。

【案例分享 2】

昭君缘何春风面

在观课中，笔者观察一位教师在引导学生欣赏杜甫诗《咏怀古迹》（其三）的时候，文本涵盖"生长明妃尚有村"和"画图省识春风面"两句，

学生对称昭君为“明妃”没有意见，因为历史课程讲解过她为民族和平而和亲，生于名邦，殁于塞外。但对于“春风面”注释为美女，学生问：“美到何种地步，敢称春风面？”

陈默点评 课本缺乏直观的昭君形象，教师也没有辅以相关图像教学，导致学生的审美疑惑。

二、教师研读囫囵吞枣，难以觅寻美育因素

人们常用“囫囵吞枣”来说读书或做事不求甚解、不加分析研究、死记硬背、生搬硬套的做法。这种读书只求速成，既笼统又肤浅，根本不识书中滋味。读书要真正有益，也要消化吸收。受到应试教育的影响和考试大纲的要求，一些语文教师在备课时关注的是课本中的考点，千方百计追求重点、难点的突破，没有讲究读书方法，没有仔细推敲、没有认真思考、没有精心体会、没有反复琢磨，甚至丢弃了文本中的真理和精髓。通过参与观察，笔者发现在 2004 年初审通过的人教版（现行版）普通高中课程标准实验语文教科书（必修）所选的古代经典篇目中有大量的让学生崇拜的人物形象、值得学生向往的自然美景、值得学生学习的精神境界；如：屈原“圣君”“贤相”“法度修明”的美政思想，“亦余心之所善兮，虽九死其尤未悔”的斗争精神，“长太息以掩涕兮，哀民生之多艰”的忧国忧民思想，“伏清白以死直兮，固前圣之所厚”坚守正道而不悔的执着；陶渊明笔下的“榆柳荫后檐，桃李罗堂前”，白居易笔下的“枫叶荻花秋瑟瑟”，李白笔下的“蜀道之难，难于上青天”等自然美景；杜甫“艰难苦恨繁霜鬓”体现出的国仇家恨，“分明怨恨曲中论”体现出的对王昭君的身世际遇的感伤，“寒衣处处催刀尺”体现出的对家人的思念情怀；这些真正能够撩拨学生的心弦、引起学生的情感共鸣的美育因素，为学生一生的幸福生活奠基的审美情趣、人生态度、人格精神没有得到教师的真正关注。课本中的美育因素不撩人，美育因素没有作为教育手段、教育资源出现在教学环节中，这是美育实施的又一大障碍。

【案例分享 3】

《蜀道难》是李白的癫狂之作

在观课中，笔者观授课教师讲李白的《蜀道难》，教师始终抓住创作背景分析诗作的主题，分别提出六种主题，并结合文本倾向性表达教师的观点是借助蜀道难来歌仕途艰难之意。没有抓住文本中典型的地理环境描写来剖析作者发出“蜀道难，难于上青天”之叹的缘由。授课结束，学生感

叹《蜀道难》是李白的癫狂之作、醉态之作。

陈默点评 教师没有抓住文本中典型的地理环境来剖析蜀道之高、危、险，导致学生难以理解作者的创作意图。

三、学生缺少审美积淀，难以实现审美叠加

（一）缺乏积累，难以在比较中体会形象美

由于经典在青少年的文化营养里日益减少，快餐式的大众文化成了学生精神食粮的主流，许多青年远离甚至拒绝经典。他们对经典缺乏一份执着的热爱，缺乏一种发自内心的感动，没有系统而丰富的底蕴。不能将经典与现实生活结合起来，不能让经典成为自己认识世界、感悟生活、表达情感的辅助素材。因此，在鉴赏文本时缺乏一种对比，难以体会形象美，笔者在讲授《荆轲刺秦王》时提到"易水送别"，高渐离击筑，荆轲和筑而歌，唱的是凄凉的"变徵"调，送行的人都掉下泪来；荆轲又走上前去，唱道，"风萧萧兮易水寒，壮士一去兮不复还"，那调子是悲壮的羽声，送行的人被感动得怒眼圆睁，发尽上指冠。学生便产生了疑问："荆轲明明知道是去对抗强秦，缘何'就车而去，终已不复顾'？"其实，荆轲此举和信陵君、冯谖、樊哙等人的"君子死知己"的精神同出一辙，是同样的处士的"处死"精神。用生命实践承诺，用生命去解救别人的困厄。

【案例分享 4】

荆轲非傻即疯

笔者在讲授《荆轲刺秦王》的过程中，欣赏完行刺准备、易水送别、廷刺秦王、行刺失败四个部分后，学生对荆轲刺秦王失败的原因做了归因分析——准备不充分，包括副手没找好，心态没调整到最佳，诀别属于在太子丹的逼迫下负气而去，没行动就看到了必败无疑。他为何要匆匆赶往？有学生附和："荆轲非傻即疯！"

反思 我们在此案例中不难发现学生是缺少积淀的，对古代英雄的见义勇为品质、潇洒风度、沉勇性格、处士精神毫无了解。

（二）缺乏感悟，难以发现书中人物情感之美

感悟是个体在认识活动中感受和体验所产生的情感和认识上的飞跃。其前提是感，最好能有亲身体验更能知道其中滋味。如在讲解白居易的《琵琶行》的过程中，有同学明确提出："既然白居易有身世飘零之感，他为什

么不辞职下海？”从这个疑问中我们不难发现学生因缺乏感悟而对主人公的行为难以理解。学生没有感受到白居易一生都有“兼济天下”的精神，他始终关照下层人民的生活状态，所以才有那么多的“讽喻”和“讽谏”；倘若一离开仕途他便永远不具发言权，任天下百姓在水火之中而不能呐喊。学生缺乏情绪感受，白居易之所以有“同是天涯沦落人”之感，是受了友人的离别、琵琶女满含情感的音乐弹奏、琵琶女自述身世等情绪的感染，是白居易把这些元素变成了身体以外的精神，并赋予这种精神以思想，由此形成的一种感伤情绪之美。学生缺乏理解感受，理解的前提在于经历，学生平常没有经历过被放逐的精神打击，没有孤独飘零之感，没有和知己面对面倾诉的经历就很难理解白居易的感伤情怀之美。

【案例分享5】

陶潜不归或许生活更美

笔者在讲授《归园田居》的过程中，学生对文本本身没有过多疑问，但教师补充，归隐后陶渊明的生活极度困难。学生开始疑问了，既然陶渊明当彭泽令那么久，缘何非要有那么浓烈的归隐心绪？今天我们从事工作不满意的人多了，但为了一家老小，谁没有隐忍坚持过？不归隐，他的生活或许更美好。

反思 发此疑问，可见学生对于陶渊明追求精神自由的情感是不解的。学生对陶潜的性格和当时的社会风气知之甚少。

（三）缺乏灵感，难以依据文本形成共鸣创美

以美创美、借美创美是实现创造的最佳途径。这样可以做到创造源自对文本的深挖掘，素材来自文本，创造是对文本的总结升华，创造利于对文本的再学习。其基本路径是发现文本之美、认同文本之美、欣赏文本之美，并依据此找出能够引发和作者交流，和文本对话的灵感。在教学中，笔者引导学生开展师生游戏：画知识树，学生归纳概括古诗文知识点后，人人参与画知识树，学生在画知识树的过程中，巩固了知识，感受到了美的刺激；给古诗文配图，对于画面感较强的古诗文，学生在学习之后，发挥想象为其配上图，还原课本原型，学生兴趣浓，也领略了古诗文的美；古诗句接龙，学生主持，全班参与，针对同一意象，拓展寻找相同意象的古诗句，并阐释同一意象在不同诗句的含义，看谁接得最快最好。让学生通过师生游戏来感悟学习的乐趣，引发对美的探索，通过美的方式学习知识。

素养及美语是美育实施基础——苦中觉醒

美育有没有实施的可能性？现实中，高中语文教师和学生身上具备实施美育的哪些素养？美育实施的关键何在？

一、高中语文教师的素养普遍提高

总体来说，随着经济社会的发展，国家的办学经费的充裕，加大了对教师队伍建设的投入以及教师培训路径的拓展力度，教师（含语文教师）的素养普遍提升。这些素养帮助教师树立了正确的教育观念。他们掌握了教育规律，增强了工作的自觉性，教师能遵循党的教育方针和学生的发展规律施教。目前，高中语文教师素养的提高主要体现为三种能力显著增强。

（一）观察能力增强

苏联著名的教育家赞可夫说："对一个有观察力的教师来说，学生的乐观、兴奋、惊奇、疑惑、恐惧、受窘和其他内心活动的最细微的表现，都逃不过他的眼睛。一个教师如果对这些表现熟视无睹，他就很难成为学生的良师益友。"今天，教师通过观察学生的仪容仪表、行为举止、成绩变化来洞察学生内心世界的变化与个性特征，发挥教育机智，因材施教；获得丰富而有价值的材料，从而发现新问题，进行正确的教育科学论证，并得出正确的结论的能力显著增强。在教学过程中，实施美育与否，学生的变化教师有所感悟。通过观察，教师能够发现美育实施后学生所获得的成就感与幸福感。

（二）反思与重建能力增强

教育反思能力是个体对自身教育观念及行为的认知、监控、调节能力。高中语文教师通过写教学反思来确认教育困境，对引起教育困境的情境所具有的独特性及其与其他情境所具有的相似性进行充分思考，在此基础上对困境作出解答，对教育困境进行重新建构，采用新方法和新手段进行尝试以发现解答的结果和实质内涵，检验所用的方法的结果，并对所用方法进行评估。当前，大部分教师能够做到与时俱进，坚持自觉学习新课程理论和先进的教育思想，不断提高自身的教育理论素养，转变教学观念。将“读—思—用”结合起来，不断发展，不断进步；在交流中反思，在反思中重构教育教学经验和理论。这对美育实施有极大帮助。

（三）引导能力增强

教学相长说的是教师的教和学生的学是相互促进的。要实现教学相长，需要建设新型的师生关系，教师应该是学生的朋友。教师的教育教学行为影响着学生的一生，实施美育，教师的引导力至关重要。目前，高中语文教师都能够引导学生自我学习并完善自己，引导学生遵守社会秩序、遵守社会规则、踏实生活、诚恳做人。他们坚持尊重学生的现有基础和个性特长，协助学生寻找最具发展潜力的方向，引导学生形成自我独特风格的能力显著增强。同时，教师引导学生发挥个性特长的能力增强，学生的审美鉴赏与创造涵盖体验、欣赏、评价、表现和创造的能力，他们能够按照梯度设题来引导学生达成教学目标。

二、当代高中学生普遍具备审美心理

鉴赏的生理基础包括大脑的视知觉能力。目前，高中学生普遍具有审美注意、审美期待、审美体验、审美想象乃至与作品产生共鸣和净化心灵等审美心理。

（一）审美注意特征明显

目前，高中学生绝大多数都有积极的奋斗目标，有对新鲜事物进行探索的兴趣，有接受新事物的自信，善于排除外界的干扰，能够克服自我内心的干扰，能够正确处理学习与生活的关系，有求真、向善的品格；他们对外界事物的接纳能力远远超过教师的想象。只要教师切入点正确、方法适当，学生对于美的事物的鉴赏兴趣很容易被调动，发现美的潜能很容易被激发、创造美的激情很容易被点燃。他们的审美注意特征明显。

（二）审美期待视野广阔

高中学生正处在情感丰富的年龄阶段，教师应充分调动起学生的情感力量，引导他们去追求真、善、美。作为美育对象的中学生富有好奇心，有强烈的求知欲望，高中学生的思维明显地由经验型向理论型转化，带有较大的独立性和批判性，能从不同角度去认识事物、钻研问题，对现有的思想不愿意采取轻信的态度，而要求具有强有力的论证，对各种美的形态所蕴含的理性内容和审美价值，希望有比较深层次的认识。他们具有批判精神和基本的评价鉴赏能力。

学生既是古诗文美育实施的对象，也是古诗文美育实施的主体，因为在整个美育过程中，学生并不是被动地接受美的灌输，而是怀着一种内心的要求和潜在审美的期待积极地参与审美的实践活动。只有当美育接受者的审美期待与美育施授者的审美信息有机地融合在一起的时候，才能进行和完成美育的过程，达到立美造人的目的。

（三）审美联想更加丰富

高中学生具有一定的知识积累，能够运用已学知识进行审美联想和想象。他们能够在教师的引导下对文本进行深度理解和二度创造，拓展视野。比如在讲解《孔雀东南飞》中的刘兰芝形象时，分析兰芝是一个多才的女人，织素、裁衣、弹箜篌、诵诗书无所不能，学生自然能够联想到《琵琶行》中多才多艺的琵琶女；分析兰芝是一个勤劳的女人，“鸡鸣入机织，夜夜不得息，三日断五匹”学生自然能够联想到《卫风·氓》中勤劳能干的女主人公；分析兰芝是一个孝顺的媳妇，即使被遣归，仍然不忘叮嘱小姑“勤心养公姥，好自相扶将”，学生自然能够联想到《铡美案》中孝敬陈世美母亲的秦香莲；分析兰芝是个美丽的女人，“精妙世无双”，学生能够联想到美丽动人的秦罗敷。

【案例分享6】

《登高》牵出杜甫一生愁

唐丽虹

笔者讲完杜甫的《登高》，唐丽虹同学由杜甫的愁情联想到了他的一生，她这样写道：

“无边落木萧萧下，不尽长江滚滚来。”数不尽的愁，流不完的泪，诉不完的苦，在那个夜晚，你随那一江愁水而去了。

临死，你也淡忘不了这个哺育你的国土。凄凉的白发蔓上了你那干枯的脸，苍老的脸上那几处深痕，是岁月狠狠踏下的足迹，你用半眯着的眼看着小窗，窗上的帘被微风掀起，今夜无月，满是无尽的黑暗，那岸边的枯枝拉扯着小船，发出撕心裂肺的悲鸣。国啊，何物，让你这样忧心忡忡；民啊，何人，让你这样悲愤心痛。你紧紧保留最后一口气，舍不得离开这个待你并不恩厚的世界。你的诗集，你的忧愁，在这时围绕着你。你痛苦，痛苦于“牵衣顿足拦道哭，哭声直上干云霄”的士兵与他的家人；你愤怒，愤怒于那石壕村里的“泪比长生殿上多”；你哀叹，哀叹于那“感时花溅泪，恨别鸟惊心”的悲伤。你渴望“安得广厦千万间，大庇天下寒士俱欢颜”。你宁愿自己痛苦，也要为国而思，为民而悲，你既道不尽天下的悲愤，也诉不尽自己心中的苦痛。你在死亡边境上挣扎着，你不忍离去，不忍和这已经千疮百孔的国土道别。你要救国，你还有那么多事要做。终于一阵冰冷的风吹来，你放下手中的那一本自己的诗集，它跌撞到地面，你闭上那双疲惫的眼。想必你已精疲力竭，油尽灯枯，不能再愁了吧。风已带着你西去了，那边有安静的地方，那边有丰厚的犒劳，无须你多忧愁，那边一片太平。

反思 学生具备同类归纳整理和反面对比发现的能力。

三、运用“美语”实施美育是关键

古代文学作品中的“美语”是指有美的节奏的语言、有美的意境的语言、有哲理思考的语言。教师在教学过程中要引导学生完成以下活动，才能提升学生的审美能力。

（一）通过读“美语”陶冶情操

古诗文的教学应当带领学生去感悟作者的激情和心理。只有把美的感受和体验引入学生的血脉与灵肉，才能让他们获得真实而深刻的效应。教师应当引导学生用燃烧着热情的心灵去学习古诗文。在学习的过程中应当让学生充分感知阅读，了解作者的人生际遇、个性及写作背景，做到知人论文、知人论世。让学生感受“美语”要从引导学生阅读文本开始：布置课前预习，让他们在练读中感知音节，把握诗歌的用韵、节奏和停顿，把握声音的轻重缓急、字音的响沉强弱、语流的疾徐曲折等，让学生初步感知古诗文的音乐美。

（二）通过品“美语”升华情感

品味美，是师生和作者产生情感交流和情感共鸣的过程，因此，在品味的过程中，应以“美读”为突破口。通过品读察情感、赏美点、明大意。让学生将情感投入到对作品的品读中，做到在美读中欣赏美的意象、美的语言和美的手法。在美读中整体感知、反复玩味、引发联想和想象、领悟作者的思想情感。让课堂紧张而有序，让学生在声音的刺激中受到美的陶冶。

【案例分享 7】

“当时七夕笑牵牛”之笑景联想

笔者在讲解《马嵬》中“当时七夕笑牵牛”时，一学生纳闷唐明皇和杨贵妃为何嘲笑牛郎织女的相见，另一学生根据《过华清宫》“一骑红尘妃子笑”来解释当时的皇、妃所过的生活。白话描述：“禀告皇上，荔枝到了”，皇上正伴着贵妃在后花园中散步，贵妃着一袭红色长裙，正伸出细长而白皙的手轻抚着那枝傲然在白花丛中的牡丹，忽听此消息，不禁回过头来，脸上绽开满足的笑容。原来是在这种情况下笑牵牛织女一年一次的相见不及他们的爱之甜蜜。

反思　在品读“美语”的过程中引发学生的联想，巧妙解释了为何笑牵牛。

（三）通过写“美语”实现创造

在教学过程中，许多情感丰富和语感强烈的学生不仅对文本产生了浓烈的兴趣，也在不自觉中对创造美产生了极大兴趣。他们会通过模仿、新加工、再创造等方式去书写他们内心所感悟到的美。教师只要稍加引导，他们就会创造出令人意想不到的作品。写“美语”是要引导学生写出有美的情感的语言、有哲理思考的语言、运用多种修辞的语言。通过让学生创造来实现美育。

【案例分享 8】

教师设题：学完李清照词两首，我们明白李清照是中国历史上绝无仅有的“词家一大宗”，请根据你掌握的相关资料书写你对她的情怀。

我愿生死以相随

黄文奕

如果将中华上下五千年中所有的文人骚客聚在一起，让我择其一人，伴其左右，陪其浪迹天涯，不用冥思苦想，不用犹豫徘徊，我便会选择她——那朵绽放于南宋的仙葩——李清照。

她的气质与她文笔一样，活泼秀丽又含蓄隽永，平淡中带着孤独与哀愁，像一首老歌，缠绵又悱恻。第一次读她写的词，是她写的《点绛唇·蹴罢秋千》，文笔曲折、含蓄、韵味深长，情感似久酿的老酒，让人回味深长，与我心中之情愫相互唱和，跳动在心间，一声一声，滴答滴答；字里行间弥漫着南宋的婉约与韵味，若一把白刃，用那三尺青锋，划开情字的夜幕，将那清楚而又真实的情愫，赤裸裸地摆在我的眼前。揭开幕布那一刹那，直视情与爱的内幕，其情不自禁屏住呼吸，惊叹在内心萌芽，开出了一朵绝美的花。

一个女人的气质里，藏着她走过的路、看过的书和爱过的人。她写下的密密麻麻的文字里，洋溢独属于她的气息。笔墨长廊，一笔一画，将她的过往投射于人生的离合悲欢，散发出的味道，是那般温柔细腻，却又隐含着丝丝悲凉。我可以朦胧地感觉到，却又不能看得真切，宛如那位犹抱琵琶半遮面的丽人，轻携一层神秘的面纱，窥视时，朦胧而又恍惚，却美得别具韵味。

婉约的一面，满足不了我对她的执着。我翻开了她写的书，慢慢地，一页又一页，生怕扰了她的宁静。我了解了她的身世，却仍然想不明白，南宋是个怎样的年代，能造就这样的一位奇女子？中国历史长河中美人无数，才人万千，却独她一人将二者结合得完美无瑕。我想穿越时光，去看看她的过往，看看她在情感中的绝望，绝望中的涅槃，涅槃后的重生。做她的影子，随她进学堂，渡重洋，齐颠沛；陪她走过红尘喧嚣，走过悲欢离合，走过斜阳，走过晨光；做她的眼睛，看她之所看，望她之所望；伴她左右，走一遭这位奇女子走过的迢迢长路，爱一场她曾爱过的风花雪月，以梦为马，追逐诗酒年华。在南宋那个凄婉又浪漫的年代，见证一代美人与文人的传奇。

我想陪她看尽繁华世界，走遍风月情场，择一人共白头永不散场。伴她跨过坎坷，逃过浩劫，生死不离，至死方休。

反思　学生对李清照的一生传奇进行深入的挖掘，对李清照的文字有深刻的理解，与李清照有着感情上的共鸣，教师设题引导，他们便再创美文。

实验教科书更利于美育实施——苦中发现

2004 年初审通过的人教版（现行版）普通高中课程标准实验语文教科书（必修）较 2002 年审查通过的人教版全日制普通高级中学语文教科书（必修）及以前各版教科书之于美育实施的有利因素何在？

一、选材更符合美育特征

（一）图文渐多更利于刺激学生的审美感受

2002 年审查通过的人教版全日制普通高级中学语文教科书（必修）及以前各版教科书极少出现图画，尤其难以见到与文本内容相关联的图画。2004 年初审通过的人教版（现行版）普通高中课程标准实验语文教科书（必修）是彩印版书籍，较 2002 年审查通过的人教版全日制普通高级中学语文教科书（必修）及以前各版教科书文本相关图画稍多，这种编排便于调动学生的审美直观，刺激审美感受。如：《鸿门宴》中的鸿门宴上项羽、刘邦、项伯、张良的座位排序更直观地展现他们当时地位悬殊，为后文理解刘邦阴险狡诈、项羽自矜功伐、张良有勇有谋、项伯没有认清事实、樊哙粗中有细的性格特征奠定了基础；杜甫《登高》一诗中的配图展示了老年杜甫形象，为讲解诗中“艰难苦恨繁霜鬓，潦倒新停浊酒杯”两句提供了事实依据，由图可观杜甫的潦倒、病态和哀愁；《离骚》诗中的屈原“峨冠博带”的形象更利于学生理解课本中屈原注重内外兼修来实现“美政”的内涵。

【案例分享 9】

形思均儒是屈原

陈广

在第二册的《离骚》篇中，有明陈洪绶绘画的屈子行吟图，峨冠博带的屈子衣袂飘飘地独自行走着。学生叙述：屈原外形儒雅，他满怀忧思地独自行走在汨罗江畔，步履沉缓。斜阳即将被群山隐没，凉风已开始肆虐。一道身影伫立在波涛汹涌的江边，溅起的浪花沾湿了他的衣衫，一双深邃的眼注视着起伏不定的波涛，流露出沧桑、悲愤和忧思。良久，他发出一声长叹，道："世人皆浊我独清，众人皆醉我独醒。"

他内藏救世儒心，汨罗江水没有涤荡清他内心对楚国的担忧，汨罗江风没有抚平他那满是被怀王不信任的褶皱过的心；一声"虽九死犹未悔"便是对拯救苍生的承诺，一句"虽体解吾犹未变兮"便是对楚国的痴情；信而见疑，忠而被谤，皆因楚王不清，"亦余心之所善兮，虽九死其犹未悔"是他以身殉国的绝唱。

形思均儒是屈原。

反思 图文同时刺激了学生的感官，学生的审美感受首先来源于屈原的直观形象。

（二）新选篇目更加注重以情动人

从 2004 年初审通过的人教版（现行版）普通高中课程标准实验语文教科书（必修）的新增古诗文篇目来看，更加注重以情动人，更加关注活在社会中的活生生的人；如：古诗文新增篇目《荆轲刺秦王》、《秋兴八首》（其一）、《咏怀古迹》（其三）、《马嵬》。《荆轲刺秦王》关注了士为知己者死的"死士"情节；《秋兴八首》（其一）写客子羁旅而思念故土的本真心绪；《咏怀古迹》（其三）是临古地、思古人、抒己志；《马嵬》有对昔日君王安逸生活的无情鞭挞，有对百姓生活的由衷赞美。这些新选篇目关注真善美、批判假丑恶，具有美的特质，更易调动师生的审美情趣，引发读者和作者的情感共鸣。

【案例分享 10】

莫愁羡煞唐明皇

在第三册的新入选古诗《马嵬》中，用对比手法写出了唐明皇的无奈，有"空闻虎旅传宵柝"和"无复鸡人报晓筹"的今危夕安的对比；也有"此日六军同驻马"和"当时七夕笑牵牛"的今苦昔乐的对比；还有"如何四纪为天子"和"不及卢家有莫愁"的君王百姓对比，平民家的幸福羡煞了此刻的唐明皇。

反思 困境中的唐明皇忘却了君王的身份。他作为一个活生生的人，情真意切地感受到了君王的无奈和对保护不了爱人的哀伤之情。

（三）内容更利于审美创造

人们把自己的情感移植在自然物上面，就是审美移情。教科书选入的经典篇目注重写景，情景交融，如陶渊明《归去来兮辞》，展示了意象“松菊”“孤松”“东皋”“清流”“欣欣之木”“涓涓之流”等，作者用这些意象来烘托出悠然闲适的意境，营造出宁静清幽的氛围，引发读者关于作者辞官归隐后的闲暇生活的想象。学生可以依靠创造性的审美想象，通过阅读，把记忆中的事物表象进行艺术的分析综合与加工，不断改造旧表象，创造新表象，赋予思维以独特的审美形式。二度创造出一个松菊傲岸、孤松挺拔、树木繁茂、清流汩汩、天人合一的艺术世界，在艺术境界中感受陶潜走出“樊笼”，走向自由、亲近自然的怡然之趣。

二、编排更利于学生在比较中完成情感陶冶和艺术享受

（一）篇内积极入世与消极避世的比较见性情

2004年初审通过的人教版（现行版）普通高中课程标准实验语文教科书（必修）第二册第二单元第四课同时选入曹操的《短歌行》和陶渊明的《归园田居》。其中曹操写到“人生几何”来述说人生短暂，光阴易逝；“明明如月，何时可掇”来表达对贤才的渴望；“周公吐哺，天下归心”来体现招揽贤才的决心；全篇表达实现天下统一的思想；曹操的帝王形象和积极入世的心理也就自然地展现出来了。而陶渊明则是写“误落尘网中”来表达对官场的厌恶，“羁鸟恋旧林，池鱼思故渊”来表达对回归自然的向往，“久在樊笼里，复得返自然”表达回归田园之后的一种欣喜，消极避世的心理挥洒得淋漓尽致。一篇内，通过两个人物的展现来体现两个人物不同的思想、不同的选择和不同的性情。

（二）单元内智者与勇夫的比较见智愚

在第一册第二单元同时选入了《鸿门宴》和《荆轲刺秦王》两篇经典篇目，塑造了刘邦、项羽、张良、荆轲等人物形象，这些人物同时展现更加利于比较。刘邦在得到张良的劝诫之后立即拉拢关键人物项伯，“约为婚姻”，保住了自己的性命，以至于在宴会上项庄舞剑，项伯“翼蔽之”；在得到樊哙“大行不顾细谨，大礼不辞小让”的劝导之后立即“从间道走”，显示了刘邦的果决和聪慧，既善于用人，又积极纳谏，保住了自己的事业。项羽则是在沛公左司马曹无伤使人言于项羽“沛公欲王关中，使子婴为相，珍宝尽有之”后大怒，欲“击沛公军”；听得沛公一席告饶语“臣与将军戮力而攻秦，将军战河北，臣战河南，然不自意能先入关破秦，得复见将军于此。今者有小人之言，令将军与臣有郤”后便摊牌，最后出卖曹无伤，

让刘邦抓内鬼并将其斩死，让自己断绝信息；在项庄舞剑之时更是默然，这些都显示他性格的急躁、耿介和自大。

张良和荆轲同样是为主效命之士，张良知道面对强敌智取，进谏适合时宜，请武士帮忙恰到好处；而荆轲凭着“处士”精神，经不住太子丹的一番指责，未做足准备，直入秦庭，导致自己丧命，导致燕国无助。他们的智慧、谋略、行径高下不言而明。

（三）一册内古今领袖的比较见境界

在第一册的一二单元分别入选了《沁园春·长沙》和《鸿门宴》，其中《沁园春·长沙》的主题是提出并回答了革命领导权问题，表现了毛泽东同志关于无产阶级掌握革命领导权的光辉思想。毛泽东把眼光由湘江美景转移到革命形势，转移到天下苍生的身上，其广阔的胸襟和革命的豪情自在其中。《鸿门宴》中的项羽虽为曾经的“西楚霸王”，但在刘邦、张良的花言巧语面前显得束手无策，在樊哙的豪言壮举面前显得耿介大气，在项庄舞剑时粗心大意，在范增示意后犹豫不决，在刘邦逃脱后没有立即追杀，其想要统一天下的决心和信心在这里值得怀疑，其“力拔山兮气盖世”的勇士形象被颠覆了；项羽之败，鸿门开始；项羽之悲，坐失良机；项羽之惨，转胜为败；项羽之命，亡国破家。他的眼界和人生境界遭到了质疑和颠覆。

美育为学生一生幸福奠基——苦中求解

何为美育？无美之育的课堂是何状态？美育实施的依据是什么？美育之于学生发展的意义是什么？

一、何为美育

经过研究，笔者认为美育指的是通过师生活动去发现古诗文中的典型地理环境、美好自然景物、人伦纲常因素、情爱婚恋因素、崇德修身因素、文化精神内涵、独特意境、言外之意，感悟其情景美、语言美和意境美，品味其美的意识、美的思想、美的品德，最终达到“立美”的目的的教育实践活动。主体是学生。

二、远离美育的古诗文课堂，师生啼笑皆非

没有美育的古诗文课堂，教师拼命讲古诗文中的文言现象、鉴赏答题技巧，学生忙于积累、刷题，师生疲于奔命，古诗文中的精髓对人的熏陶和影响不大，语文学科地位低下。学生毫无审美积淀，涉及审美情趣、人生态度、人格精神学生毫无反应，对古代英雄的见义勇为品质、潇洒风度、沉勇性格、处士精神毫无了解，甚至难以理解他人的悲悯情怀；对问题的理解肤浅而偏颇，让人啼笑皆非。

三、何为幸福的古诗文教学课堂

以师生活动为基础，以小组合作为前提，运用“美语”实施美育是关键，以教科书为美育资源，以课堂为美育实施平台，将美育常态化。充分挖掘文本中美育的因素，充分展示师生的才情，实现和谐共生，教师美美地教，学生美美地学，师生都获得升华的课堂。

四、古诗文美育的依据

（一）现实依据

第一，教科书编者希望通过本教科书培养学生初步的审美能力；

第二，美育是教育不可或缺的，审美质量高低决定个体幸福和社会文明发展程度；

第三，高中语文古诗文中的美育因素颇丰，现行人教版教科书中的古诗文蕴含大量的自然美景、人文美情、特殊美语、不凡美境；

第四，有教育理想的语文教师追求分数与幸福并重，美育研究贯穿笔者 11 年的教育生涯；

第五，美育能够提升师生的幸福生活指数，教育的终极目的是实现美丽人生，教师的才能得到发挥，学生的创造力得以形成是教学的幸福。

（二）理论依据

第一,《普通高中语文课程标准（实验）》指出：语文课程要注重审美能力的培养；

第二，夸美纽斯提出通过美育来发展学生的感知能力；

第三，席勒提出美育具有巨大的社会作用；

第四，杜威提出美育应贯穿所有的教育科目；

第五，马克思、恩格斯提出美育的目的是培养全面发展的人。

（三）政策依据

第一,《关于全面加强和改进学校美育工作的意见》(国办发〔2015〕71 号)指出:“坚持育人为本,面向全体,让每个学生都享有接受美育的机会”;

第二,《人民教育》指出审美情趣是中国学生发展核心素养的重要组成部分。

五、研究现状

（一）国外研究概况

席勒关注个体的人，关注个人的精神自由；杜威提出美育改造社会、传承文明、完善人性；马克思、恩格斯提出美育的目的是培养全面发展的人，立足于社会理想和人的理想的统一。

（二）国内研究概况

王岗锋关注美的本质特征、美的现象形态和美的范畴；孙焘关注美育为德育服务；陈慧玲发现美育正是通过传授美的知识，通过反复的审美实践活动提高人们的审美能力的；朱光潜关注美感、美的规律、美的范畴。

（三）文献综述

国内外关于美育的探讨主要集中在以下几个方面：一是美育的概念；二是美育的地位；三是美育的价值及功能。以下几个方面没有直接的参考：一是美育在高中古诗文教学中实施的可能性分析；二是高中古诗文美育因素的挖掘方法研究；三是高中古诗文教学中的美育实施策略研究。

六、研究目的及意义

（一）研究目的

美育的作用在于提升人的幸福生活。本著作旨在就如何实践这一命题做出深入探讨，通过认识当前高中古诗文教学中的美育现状，摸清美育承担主体的情况，挖掘教科书中的美育因素并应用这些因素对学生展开教益，探索美育实施的路径，让他们得到美的熏陶，为其一生的幸福生活奠基。

本著作弄清了以下几个问题：

1. 高中语文古诗文教学的美育现状，导致高中语文古诗文教学中的美育缺失的原因及美育实施的困难；

2. 高中语文古诗文教学美育实施的可能性；教师和学生的准备分析；实验教科书的编排对美育实施的帮助；

3. 挖掘教科书中的古诗文美育因素的方法，教科书中的美育因素的价值认知，以及高中古诗文教学中美育实施的具体路径。

（二）研究意义

高中古诗文美育策略研究，将着眼于培养学生认识美、发现美和创造美的能力，“美育的目标和功能不仅仅是使受教育者增加知识，而且要引导受教育者追求人性的完满，追求一个有意味、有情趣的完满人生”。笔者认为中学美育应当从文学教学做起，尤其是从古诗文教学做起，教师要引导学生挖掘古代文学中的美育因素，从创设美育境场、激活审美情趣和鼓励创造做起，通过美育达到陶冶学生性情、培养其独立人格和创造精神的目的，通过美育培养健康健全、心怀天下、胸装未来的人。

让古诗文的美育因素在当代发挥它的影响功能，实现“心理补偿、情感调适、审美超越和以美育人”的目标。通过美育达到“三个目标”：培养有率真性情的人，培养有高尚人格的人，培养有创造能力的人。

七、研究方法

（一）文献研究法

文献研究法是本著作研究采用的重要研究方法。在研究中，笔者通过图书馆、网络等渠道收集各个时期有典型意义的高中语文课程标准、语文教育论著、美育论著、优秀期刊论文、硕士论文、博士论文，了解美育研究的历史和现状，得到比较性的资料。同时还将2004年初审通过的人教版（现行版）普通高中课程标准实验语文教科书（必修）和2002年审查通过的人教版全日制普通高级中学语文教科书（必修）进行比较，发现新教科书对于实施美育的帮助。

（二）参与观察法

参与观察也称自然观察，是指研究者在某一情境中对在自然状态下的研究对象进行观察。在研究本著作内容期间，笔者分别深入成都九中（光华校区）、内江一中、乐至中学和安岳中学课堂，对教师上课的美育意识和学生的发现美、创造美的素养有所了解，笔者发现了美育在高中语文古诗文教学中的缺失，也发现美育具有实施的可能性。

（三）问卷调查法

本研究采用问卷调查法，设计了一份简单的问卷，对高中语文教学中教师是否明确提出美育的概念，教师是否提醒学生哪些是具有代表性和影响力的美育因素，是否开设专题来引导学生发现美、感受美和创造美进行了调查。收回的65份问卷中，学生都明确表示语文教师没有在课堂上阐释过什么是美育，也没有明确提出课本中有哪些美育因素，更没有开设专题来讲怎样发现美；朗读课文时没有教授学生怎样感受文本的节奏美和音乐美；运用古诗文素材作文时很少宽泛地设置题目。

（四）教育实验法

教育实验研究是指研究者按照研究目的，合理地控制或创设一定条件或因素，人为地干预、变革研究对象，从而验证假设、探讨教育现象的成因，揭示教育规律的一种研究方法。实验通过让学生寻找教科书中的美育因素、自己谈对这些美育因素的感悟以及实施美的创造来检验课题中所假设的美育实施路径是否有效。检验作者的创作情感、教师的教学情感、学生的学习情感三者的沟通、融会效果。

八、研究目标

第一，美教美学，各美其美；
第二，美教美学，美美共生；
第三，美教美学，美丽人生。

九、创新点

（一）教材即资源

本课题以2004年初审通过的人教版（现行版）普通高中课程标准实验语文教科书（必修）为蓝本进行研究，在不增加师生额外负担、不重新寻找资源的前提下进行研究和实践。

（二）课堂即阵地

以师生活动为基础，以小组合作为前提，运用美育因素实施美育，以课堂为美育实施平台，将美育常态化，充分展示师生的才情，实现和谐共生，教师美美地教，学生美美地学，师生都获得提升。

（三）幸福即愿景

通过挖掘共赏、入情入境、回味感悟、引导演绎、立美创造来实现美教美学、各美其美，美教美学、美美共生，美教美学、美丽人生的目标。

操作篇——美教美学，美美共生

《中国学生发展核心素养》指出审美情趣是中国学生发展核心素养的重要组成部分。要求学生具有发现、感知、欣赏、评价美的意识和基本能力；具有健康的审美价值取向。为了培养学生的审美情趣，让学生形成审美能力，笔者注重运用教科书、注重师生活动的开展、注重学习小组的建设、注重师生活动展示平台的建设、注重结合教材适时设题引导、注重收集整理师生活动成果、注重展示师生活动成果。通过学生个体行动、教师个体行动、生生合作行动、师生合作行动来挖掘美育因素，形成资源；呈现美育因素，入情入境；回味鉴别感悟，和谐共生；引导筛优演绎，人人出彩。在活动中，师生个体各有展示，各美其美；师生合作创造精彩，美美共生；师生情感得到升华、能力得到提升、才华得以展现，人生美丽。

挖掘美——挖掘美育因素，形成资源

挖掘就是发现，过程就是审美。笔者引导学生通过生挖掘、师挖掘、生生合作挖掘、师生合作挖掘的方式去寻找文本中的美育因素，包括：典型的地理环境、美好的自然景物、人伦纲常因素、情爱婚恋因素、崇德修身因素、文化精神内涵、独特意境、言外之意。具体操作方法如下。

在古诗文教学过程中，师生挖掘美育因素，我们做到了三个“寻求”：

一、寻求直观形象

在文本研读中，从字里行间寻求可以感知到的信息，然后利用多媒体、教具、音乐等化抽象为形象，刺激感官，让学生获得审美直观形象，刺激审美感受。如在讲授《林黛玉进贾府》一文时，笔者通过图文互现来引导学生审美。

【案例分享 1】

王熙凤好放荡

分析“一语未了，只听后院中有人笑，”说：“我来迟了，不曾迎接远客。”此语能显示王熙凤的独特个性和她在贾府中的特殊地位，教师在课件中辅以视频，学生的直观感颇为强烈。大吼：王熙凤好放荡。就是这一吼，王熙凤的刁钻、狡黠、泼辣性格在学生心中留下了深刻印象。

反思 教师将这段文字和影片结合，借助视频展现王熙凤的形象，更能引起学生的共鸣。

二、寻求文中意蕴

寻求文中的意蕴，笔者引导学生使用文本细读法，挖掘作品内在的人文内涵；引导学生形成对古代文化的多元认知。在教科书中有春秋时期的雄辩智慧《烛之武退秦师》，有词汇瑰丽的唐诗《秋兴八首》（其一）、《咏怀古迹》（其三）、《登高》、《锦瑟》、《马嵬》（其二），有华丽动人的宋词《望海潮》《水龙吟》，这些文本有对故乡的思念情怀、有对不公遭遇的愤懑，有对怀才不遇的感伤，有对年华易逝的喟叹，有对君王沉溺享乐而导致国家动荡、人民离乱的感慨，有对杭州富庶与美丽的歌颂，有对虚度光阴的苦闷的抒发。笔者引导学生调动自己的情绪和感官，深入文本去感受、感触、感悟，准确地把握作品的思想情感。通过寻求文中意蕴达到读者和作者的心灵碰撞，实现审美享受。

【案例分享 2】

曹公英伟在蓄势

笔者在讲解《短歌行》的过程中，学生在诵读“周公吐哺，天下归心”后，如此表达：“一代枭雄曹操的是非功过评述不一，篡权夺位是他对汉的不忠，杀人如麻是他手段残酷。但仅就他对人才的尊重与渴望，在历史上也难以有人媲美，他渴望摘取‘枝头明月’，他的英伟在于为了天下统一，放下身段，蓄势待发。”

反思 学生在和文本交流的过程中找到了文中意蕴。

三、寻求言外之意

言外之意是文学创作的审美追求，是文学作品的机体营养，是语言表述的巧妙效果。言外之意体现艺术语言的情景交融、含蓄隽永、无言载意；更体现语言交流的风趣幽默、委婉含蓄、弦外之音。笔者引导学生对文学作品中言外之意的寻求是通过感受古代作家的传奇人生、独特的创作背景、巧妙的运笔方略来实现的。第四册第二单元的《念奴娇·赤壁怀古》是苏轼谪居黄州时所作。对于周瑜，苏轼特别激赏他少年功名、英气勃勃。“小乔初嫁”看似闲笔，实写建安三年，周瑜少年英俊，春风得意。该词也因此豪放而不失风情，刚中有柔，与篇首“风流人物”相应，“羽扇纶巾”三句写周瑜的战功。周瑜身为主将却并非全副戎装，而是羽扇便服，谈笑风生。写战争着笔于周瑜的从容潇洒，指挥若定，突出他的风采和才能。苏轼这一年四十七岁了，不但功业未成，反而待罪黄州，其言外之意是同三十岁左右就功成名就的周瑜相比，不禁自感惭愧。这种思想加深了他内心的苦闷和思想矛盾。故从怀古到伤己，举杯同明月，江水对饮消愁。笔者观课发现师生通过“一尊还酹江月”来挖掘言外之意：

【案例分享3】

《念奴娇·赤壁怀古》之情美

教师杨琴谈言外之情：

东坡酹江月以自慰

年轻的周瑜官场、情场、战场，场场得意。面对周瑜的春风得意、风流倜傥、年轻有为、豪放洒脱，我们不禁嗟叹：此时的苏轼仕途坎坷，命运多舛，年老无为，身处低谷。但作为心胸旷达的词人，他全无“凄凄惨惨戚戚”的悲凉，对周瑜的仰慕仍在，渴望建功立业的雄心犹存，有所作为的豪壮之情不减。尽管有所嗟叹，但“人生如梦，一尊还酹江月”更多的是理想与现实的矛盾，是词人仕途坎坷，壮志未酬的悲叹和愤慨之后，在貌似自慰自解的言辞中激荡着一腔追慕英雄、渴望建功立业的豪迈之情，展现了诗人旷达的胸襟。

学生李伯希写言外之诗：

念奴娇·雪域

雄山巍峨，破苍穹，神州忠烈英魂。那时故垒，连绵绝，横刀立马疆场。飞雪盈空，疾风劲掠，掸拂万里絮。纵谈昔今，一时多少豪杰！

追忆将军归时，麾下三军齐，飒爽英姿！运筹帷幄，千里外，敌寇兵败山倒。不忘故志，岂肯为燕雀？驰骋沙场。人生朝露，今日谁与浴血！

陈默点评　读罢“一尊还酹江月”，师生均敏锐地捕捉到了其言外之意。

认同美——呈现美育因素，入情入境

呈现就是展示，共赏就是认同。通过呈现，让全体同学人人有目标，人人有舞台，人人都出彩；通过入情感知、入境升华来引导学生认同美。前提是按照“同组异质，异组同质”的原则分好组，建设好相互合作的学习小组。

一、呈现共识

分为三个步骤：展示——个体发现美育因素（小组内人人展示、小组内相互交流探讨、小组内选定最优成果）；研修——集大家智慧对成果做修订（小组内发现不足、小组内集体修订、小组内达成共识）；发布——全班分组对优秀成果做发布（小组内选最优成果发布者、各组对最优成果做发布、全体师生共同倾听感悟）。

【案例分享 4】

氓妻之悲，悲在单纯

笔者在讲解《氓》后，引导学生认同文本中的情爱婚恋因素美，设题：你们认为氓妻被弃的根本缘由是什么？（小组各成员一起思考并写出观点和缘由，小组筛选认同后对全班发布）

1 组：在于当时社会的禁锢，女子不好再婚；

2 组：在于氓的三心二意；

3 组：在于她本身单纯无甄别。

其余小组：赞同 3 组的观点。

师：请第 3 组依据文本寻找你们观点的依据。

3 组甲：阅历不深，毫无考验、也无甄别。氓来贸丝别有用心，女子当时并未觉悟而是被弃后反思控诉，“氓之蚩蚩，抱布贸丝，匪来贸丝，来即我谋”，看似敦厚老实的“氓”以布贸丝为借口来争取爱情；而女主人公回以“送子涉淇，至于顿丘。”可见女主人公的单纯可人，在男子的一番表白之下，怀着对婚姻生活的美好向往，坠入了情网，初恋时即托付终身的私订终身行为展露无遗。

3组乙：女子和男子的结合属于“闪婚”，充分体现了她的无甄别。她们的结合无父母之命、无媒妁之言，女子和男子义无反顾地私下约定“秋以为期”，仅仅考虑了当时的婚俗婚制，提出了要“良媒”的要求。

3组丙：女子的行动显示了她的急迫无甄别。氓走了，她的内心无法平静下来：“乘彼垝垣，以望复关。不见复关，泣涕涟涟。既见复关，载笑载言”，不见黯然，既见欣然。见后喜形于色、柔情蜜意尽显其中，从直接的行动、勇敢的表现可以窥见她内心的期许。

反思 教师引导学生呈现美育因素，学生回以惊喜。

二、入情感知

实施美育必须“变传统的唯智育的课堂教学活动为互动、认知、创美的全面教育活动”，做到集体参与，师生游戏，创设氛围，入情感知。笔者引导学生对于画面感较强的古诗文句，在学习之后，发挥想象为其配上图，激发兴趣，感知古诗文美育因素折射的言外之情、人生真谛；对于节奏感强的文章，配乐朗诵，配乐强化体现作者情绪的高潮和低谷，让学生在艺术氛围中感知作者情感；对于感悟深刻的诗文，再创造，实现情感升华。

【案例分享5】

《兰亭集序》罢，师生列坐觞咏

时间：暮春

座位设计：八组（加教师单独一组）桌椅四方围坐

道具：小脚酒杯，矿泉水

规则：杯传至该组，该组组长接杯饮水并组织组员于2分钟内赋诗吟咏作答叙幽情，答后传杯至下一组，保证前后句衔接连贯自然，和谐一致，老师开头，最后一组拟定标题。

师：春花春色春无尽，

1组：此情此景此生逢。

2组：歌春歌逢歌心事，

3组：一人一桌一觞咏。

4组：自是一年春光美，

5组：西施貂蝉嗅香醉。

6 组：吾师美才润吾辈，

7 组：芝兰香草永相随。

8 组：吟诗闹春

反思 创设情景，师生进入境场有利于感知文本，有利于美的创造与生成。

三、入境升华

对于特殊的美育因素，最能获得学生认同的方式是入境升华。笔者通过师生开展游戏的方式来创设境场，通过创设氛围还原课本的原型、师生PK诗句接龙赛激活思维等来让学生在游戏中感悟学习的乐趣，引导对美的探索、强化对美的感悟、达到对美的认同。如：游戏接龙，学生主持，全班参与，看谁接得最快最好。比较归纳相关诗句同一意象的不同含义，游戏的目的是为读懂诗歌做铺垫。教师先说，并提出关注什么意象，说出相应意象在本句中的意思，学生诗句接龙，要求诗句含有这个意象，并说出本意象在该诗句中的含义。

【案例分享 6】

含“木”诗句接龙游戏

师：无边落木萧萧下，不尽长江滚滚来。（“落木”体现衰败壮美）

生 1：曲径通幽处，禅房花木深。（“花木”体现幽静美妙的环境）

生 2：国破山河在，城春草木深。（“草木”体现山河依旧在的“物是”）

生 3：但见悲鸟号古木，雄飞雌从绕林间。（“古木”体现环境的凄清冷寂）

生 4：沉舟侧畔千帆过，病树前头万木春。（“万木”体现新生事物崛起）

反思 教师结合文本出第一句，并解释本句意象的含义，并且示范分析，将学生带入境场，学生既学习了文本，也感知了氛围，升华了情感。

欣赏美——回味鉴别感悟，和谐共生

美是需要回味、鉴别和感悟的，因此，笔者引导学生开展欣赏美的活动，通过师生参与，回味鉴别，感悟文本之美，实现新的生成。

一、品味美

品味内容，明确大意；品味语言，学习技巧；品味情感，共生共鸣。笔者在观课中发现陈家武老师在讲完李清照的《醉花阴》后，为了引导学生对作品进行情感品味，设题："人比黄花瘦"道出了李清照对爱人的思念，仿佛在她的诗作中永远都有一种淡淡的期待，请以"总有一种期待"为题写出你对李清照的思夫之情的理解。

【案例分享 7】

总有一种期待

汪凡惬

斜阳暮寒，水影悠悠，倚楼远望万里行舟，千帆过尽，皆不能留驻心头。

倩影轻愁，目断魂销，想起那姿态，总有那身影浮出记忆的湖面，仿佛兮若轻云之蔽月，飘飘兮若流风之回雪……

秋千语，齿间笑，她是记忆中活泼纯真的女孩，风撩动她的耳发，飘飘扬扬；花香在她的笑语中酿成烂漫的蜜甜，轻轻柔柔。她快乐地荡着秋千，仿佛一只迎风起舞的蝴蝶，斑斓可爱。

只缘感君一回顾，使我思君朝与暮。那年轻客人的顾盼，让一颗心在青涩的梅子上颤动，和羞走，倚门回首，却把青梅嗅。也许羞涩的掩饰，失控的步调，正如青梅般酸涩，那低眉浅笑的姿态里，有爱情的期待，和着青梅的味道，潜滋暗长。

词苑千载，盛开一朵女儿花。与赵明诚的天作之合，让她体味到知音的欣喜，爱的甜蜜，亦滋养了丰润的诗情。上苍偏心地让她拥有了超群的才情和完美的爱情。那期待化作不徒俯视巾帼，直欲压倒须眉的梦想；化做雁字回时，月满西楼的守望。

东篱把酒黄昏后，有暗香盈袖。漫步香径，翩飞的衣袂，与菊蕊做伴，思念浅唱低吟。她低头，挥就千古诵唱的动人诗篇；她抬眉，望尽天涯路的闲愁；她凝视，那里有丈夫温情的目光停留。

会心满足，淡淡相思，写出她期待的答案，翘首里两情相守。

如今归雁旧相识，无奈秋风锁重楼。原本已是家国动荡，颠沛流离，明诚的病故更让她身心俱疲。跋涉的车马载着跋涉的灵魂跌跌撞撞，四处漂泊。心没有了驻足的地方，连梦也开始支离破碎。

她掀开车帷，望着碧蓝的天，没有一朵云愿引愁心去，给她一丝安慰的温柔。雁过也，正伤心，却是旧时相识。三杯两盏淡酒，怎敌他晚来风急！泪水已化作飘零的诗节，是否还有一种期待让她痴痴苦守？

含泪的眸子里，她有深情的诉说：物是人非事事休，欲语泪先流。与丈夫搜集整理的书画金石，满贮记忆，是故国的文化沉淀，她要永远保护，不能落入金人手中！哪怕纤弱的身躯承载不了流亡的伤，哪怕已没有依靠取暖的肩膀！

总有事与愿违，总有失落叹息。失去一切的她，聆听梧桐更兼细雨，点点滴滴，落在心上，凝眸处，又添一段新愁。

总会萦绕心间的期待，她只愿含情守望，默默无语，岁月馈赠了太多，又带走了太多，恍然若梦，却真切可感。命运像开了一个玩笑，赐予她浓墨重彩的欢乐与惆怅，前尘往事换一幕企望安定的晚景。

载不动，许多愁……

陈默点评　“人比黄花瘦”寄托着作者无穷的言外之意，教师据此设题引导学生去展示言外之意，和文本形成共生，和作者形成共鸣。

二、品鉴美

鉴赏情节，做到思路清晰；评价人物，做到有理有据；文本新解，做到联想合理。笔者在讲解《咏怀古迹》的“分明怨恨曲中论”后，点出杜甫是借古事抒己志，由此引导学生对杜甫做评价。设题：杜甫的一生满是国仇家恨，请自拟题目写一篇对杜甫的评价。

【案例分享 8】

一生苦难未必是不幸

陈昱含

人生来便有差异，各人的发展也不尽相同。那些生活在底层的人们只得整天为生活劳碌奔波，迫于生活的压力，那一双曾经流光溢彩的眼睛失去光彩，不再散发光芒，丧失了理想，沦为茫茫人海中的一员。于是，他们便成天抱怨世事不公，命运坎坷，当初的凌云壮志早已被磨灭了。

然而，有这样一个人，他经历一生苦难，壮志未酬，最后孤苦而死，但他一生却是努力地活着，未曾哪怕一刻停止过他的理想，他就是被后世尊称为"诗圣"的杜甫。杜甫与李白被并称"李杜"，都是唐赫赫有名的大诗人。但他们的遭遇却是天差地别，李白被敬称为"诗仙"，而他一生放荡不羁，恣意潇洒，可杜甫却没有这么幸运了。自"安史之乱"后就一直颠沛流离，居无定所，穷困潦倒。但即使这样，他忧国忧民，关心百姓疾苦的情怀却一直未曾改变。即使是在长安被攻破，他在逃亡途中被叛军抓回长安，看到曾经的国都破败的景象，他依然发出了深重的痛惋："国破山河在，城春草木深，感时花溅泪，恨别鸟惊心，烽火连三月，家书抵万金。白头搔更短，浑欲不胜簪。"没错，即使到了这种时刻，他心中满满的仍是国忧，忠心耿耿，日月可鉴。

杜甫一生的志向便是遇到明君，然后随侍左右，立志报国。虽然一直到最后他的愿望也没实现，可他一生却像葵花向阳一般忠于唐王朝。他的诗深刻地反映出唐朝中后期的社会状况，被人们称为诗史。"三吏""三别"更是其中的代表作。文中，他关心百姓的感情再次得到淋漓尽致的体现。我不禁感慨万千，觉得杜甫很"傻"，他为何一点儿没想到自己呢？明明自己也贫困交加，恶疾缠身，却还有心思去理会天下人。就这样，杜甫一生受尽各种折磨苦难，终于在59岁时死在一条湘江的小船上，没有人为他送葬，没有人为他默哀，一代才华横溢的天之骄子就这样凄惨的离世了，唯有滚滚不息的湘江水在无声诉说着他的悲哀。杜甫的确不受上天眷顾，明明给了他如此逆境却还要给他广纳苍生的胸怀，让他一生受尽苦难不得志。但一生苦难未必不幸，至少他留下了"三吏""三别"永为后人传诵。他虽已逝去，却将永远在历史长河中闪耀着璀璨的光辉，作为后世人心中的"诗圣"长存于世。

陈默点评　作者关注到了杜甫的遭遇，也深刻理解了杜甫的志向，对于杜甫的赞誉之情自然流露。

笔者观杨专老师在讲解《鸿门宴》的过程中，教师发现樊哙的言行和他的身份不一致，于是引导学生对樊哙进行了专门的品鉴，设计了这么一节课。

【案例分享 9】

《鸿门宴》中品樊哙

导入：今天，我们进入《鸿门宴》第三课时——品樊哙。赴鸿门宴时，樊哙不是将领，不是谋士，却在鸿门宴上起着至关重要的作用。他身上有哪些震撼人心的力量？司马迁在他身上寄予了怎样的情怀？

进入文本，看樊哙其行：请同学们自由阅读第四段，并勾画关于樊哙言行的句子……樊哙的身份是：参乘。让我们看《樊哙传》中的一句话，“以屠狗为事”，说明樊哙以前是屠夫。屠夫也好，参乘也罢，这表明樊哙是一个身份卑微，地位低下之人，他就是普普通通的小人物！

研读文本，品樊哙其人：但通过他的言行，你看到了一个怎样的樊哙？请同学们按学习四人小组进行讨论……同学们已讨论完毕，请第一组同学为大家品析第一处语言描写……

让我们在分析的基础上概括樊哙形象。

请同学们思考：樊哙只是文中次要人物，司马迁为何花如此多的笔墨？司马迁对他怀有怎样的情感。

深化文本，记樊哙其境：郭预衡对司马迁写作人物有这样的评价：“因情志所在，不能自已，或恨或爱，皆极尽铺叙描写之能事。”司马迁爱英雄、重英雄，所以笔下才有为刺秦而义无反顾的壮士荆轲，才有为报知遇之恩而决绝就义的侠士聂政，才有为成全信陵君而自刎的义士侯嬴，也才有了为护主而奋不顾身的武士樊哙。

樊哙，小小参乘，却力挽狂澜。在他身上，我们看到了一种远高于其地位、超出其身份的英雄气概，一种以大局为重的博大情怀，一种护主周全的思想和直面强敌的精神！可见，樊哙这一人物从一出现就不仅感动着读者，也感动着项王，感动着“鸿门宴”中的所有人物，更感动着作者自己。今天让我们带着这种感动去写写我们的情怀吧。

教师展示：忠心不渝，哪管鸿门危局；勇敢护主，怎记参乘身份。忠、勇、智、决是你的人生标签，力挽狂澜是你的光辉行动。英雄不问出处，项王佩服大义，沛公难忘恩情。你把历史改写，你把时局敲定，你非简单参乘，胸有大境界，注定你是大英雄。

板书：

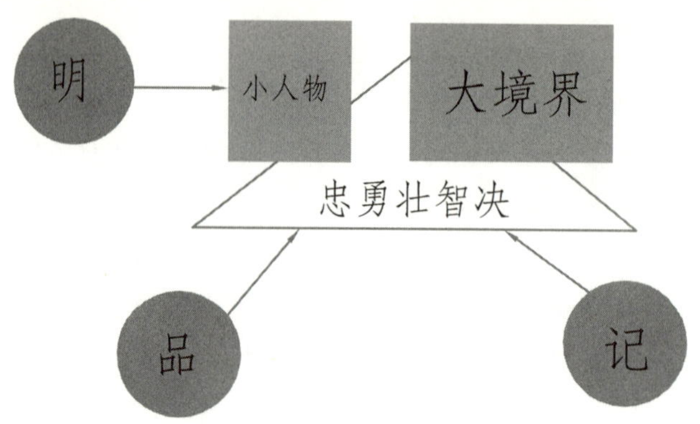

陈默点评 针对有独特精神境界、值得学生学习的人物，开展专题鉴赏课，让学生在强化感知中铭记人物的闪光精神。

三、品悟美

悟乾坤规律，敬畏自然；悟人生真谛，精勤慎独；悟处世哲学，扬真善美。学习完杜甫《登高》后，针对作者的悲秋悲人生悲家国之情怀，笔者引导学生写秋诗。

【案例分享 10】

秋 怨

潘伟健

秋风吹拂花枝颤，枯叶缤纷飞满天。
秋雨连绵剪不断，心如乱麻理还乱。
白华月圆独照天，小河静谧孤影显。
问君胸有几多怨，黄蝶飘落不发言。

陈默点评 作者使用了“秋风”“枯叶”“秋雨”“月”“小河”这些源自生活中的意象，并以此抒发心中块垒，吐露人生悲情，用情至深，感人万分。

学习完杜甫《秋兴八首》（其一）后，针对作者的故园之思，笔者引导学生写离别之悟。

【案例分享 11】

离别如梦醉人间

苑正峰

又一次月缺月圆，又一次聚聚散散；飘雪的夜里，醉无眠！离家的孩儿，脚步声越来越远，把背影留作家人的思念。待把相思灯下诉，容颜易老，风雨无情。清浅时光，几度相思，谱写柔肠千转。

是谁说离开是为了下一个相见，是谁说思念是最美的期盼，是谁把相思化作缠缠绵绵，又是谁让点点泪光与星月相伴！

寂静的夜，晚风拨动了爱的琴弦。弹一曲留恋，醉了星星，醉了月亮，醉了水，醉了山，醉了风，醉了雨，醉了人间！

分分合事，聚聚散散情，生活中有太多的身不由己。门外，五彩的挂线已被温柔的风撕开。停留的人儿，渐行渐远，几度惆怅已随风飘散！

冬去春来，乍暖还寒。玻璃上的窗花，薄凉了整个夜晚。繁华远去，寂寞了心田。流年岁月，是谁辜负了期盼的双眼；喧嚣的一隅，是谁为这潇潇寒风而站！

人生如梦，往事如烟。岁月浮华如斯，红尘四季冷暖。诉说着凄清迷离，人间冷暖。悠悠岁月看花开花残，杨柳依依。谱一曲离歌化柔肠千古。静相守，勿相忘。待到陌上花开，回首时仍旧亲如故。我依旧倚窗独坐，轻拈素花，流淌宁静温婉。一席纸墨，温润四季，渲染流年。

有离别，就有醉留人间。

陈默点评 学生由杜甫的离别故园升华到对普通人的离别的理解，并写出对离别的无奈、无助以及看惯、看淡，但在心底总有说不清、道不明的一种隐痛。

创造美——引导筛优演绎，人人出彩

创造需要用激情点燃激情，需要教师的梯度设计引导逐层达优，需要持续刺激，需要师生热情不减。笔者按照如下步骤操作。

一、引导创造

在当前的高中语文教学工作中，笔者发现学生最怕写作创造，这部分学生占到了学生总人数的百分之七十。学生之所以厌恶写作创造，究其根本原因，总结为以下几种情形：一是他们认为富有不需学诗，富贵不必为文，高考作文不会拉多大差距，打心眼里并不愿意尝试写作创造；二是部分教师教学，不切实际，舍本逐末，不注重培养学生的领悟能力而偏重技法培训，不注重创设创作及交流的机会而偏重按标准评分，不注重培养持久的创作激情而注重应试得分的练习；三是学生惯于教师给定的评分而非坚持以我手写我心，表达其真正的内在思想，久而久之便成为一个“无病呻吟”的人，言之无物，内容空洞，作文创造能力越来越差。

经过实践总结，笔者尝试运用教材中的古诗文素材从以下几个方面来激发学生创造的兴趣。

（一）引导学生树立“创造需悟”的理念

一个人学习的形式可以有多种多样，如：观察、模仿、阅读、听课（讲）、尝试、探索、诵记、训练、反思、体悟、合作交流等，树立“创造需悟”的理念，重点要求体悟学习，这个观念既针对教师，也针对学生，贯穿于教与学的全过程。作文创造的“悟”可以从以下几个方面做起：

“悟”从阅读开始。读自然，以怡情。风花雪月，草木虫鸟，流水墓冢是诗人抒发情感的寄托，也是普通人表情达意的依据，让学生观察自然，感悟自然，陶冶其情操，实现情感积淀，为其写自己的感悟奠基。读美文，以修身。先贤圣哲、古代名家之文，大多有“比德”之功效，让学生读此类文章接受圣贤的思想，加强自身修养使自己的言行符合“德”的规范。读人生，以明理。生活需要积淀，经历需要丰富，人生需要阅读，特别是对涉及人生话题的古诗文的阅读，让自己成为明理之人，也让创造思想更加丰富而深刻。因此，阅读是创造之源，只有认识丰富才能有话可说。

“悟”从探索开始。为文的探索是系统的，具体包括探索遣词，培养准确用词的能力；探索造句，做到文从字顺；探索写段，让段落符合主题要求；探索为篇，让篇章辞采符合审美范畴，材料丰富，思想深刻。学生以个体的投入，实现个体的腾飞。

“悟”从模仿开始。让学生模仿同班同学，让他们感受到这样的文章其实自己稍微努力就能赶上，因为自己本身就和他们是一个起跑线上的人，树立信心；让学生模仿自己的老师，学习教师的遣词造句的能力，实现面对面交流，达到迅速提高的目的；模仿名家，学习名家的深邃思想，谋篇布局，树立远大的写作目标。

笔者教育学生创造是从悟开始的，并且让学生有悟的时间和机会，真正让学生热爱写作，写出水平，激情不减。

（二）教师坚持设计批阅发表

苏霍姆林斯基说过：“在我们的工作中，最重要的是要把我们的学生看成活生生的人。”由此可见，教育是教师与学生之间的活生生的人与人的相互关系。因此，和学生多交流，唤起他们主动参与写作、追求主动发展的热情尤为重要。

笔者坚持在学习完古诗文后，选点设计日记、周记。设置有吸引力的主题要求学生以随笔的方式写日记、周记，不限定字数和文体，让学生随意挥洒，让每一个学生在挥洒个人才情的过程中找到最适合自己写作的文体，同时实现自我肯定，强化其写作热情。

【案例分享 12】

笔者设题：昭君的怨恨传唱了千年，昭君为一代王朝的安宁付出了一生，琵琶声中怨，青冢向黄昏，你觉得昭君弥留之际想的什么？请依据你掌握的相关材料写一段 300 字左右的昭君弥留遐思。

昭君的弥留之际

唐云峰

错落的明眸，凋谢了浮华的残影；
浅薄的忧伤，空落了一地的哀歌；
旧时的流云，祭奠了将死的余温；

远嫁的血泪，滋养了内心的幽怨。

内心不可修复的寂寞与荒凉，即将谢幕。昔时对未来无法把握的苍白感，都化着声声琵琶曲逐渐淡退、消逝……这些年，在异邦，那些素白的日记，描绘着那些淡漠的记忆，记录着浅浅的忧伤。跌跌撞撞，往事如烟。那年少女的幻想，已如气泡般破碎，化作五彩斑斓的蝴蝶，然后，从容地死去。紫色的灵魂，飘向向往的天堂，渐渐地散了、散了……

寂寞的影残留着斑驳的光，洒落成一地的悲凉。让我从此深深悼念，悼念那些死逝去的时光。

我将在彼岸，闭上双眼，魂归去，魄归去，不再纠缠于尘世。不如，让自己化作夏日的清风，化作秋日的老树，化作一团青苔，渐渐地被胡人遗忘，但坟头要朝着汉朝继续仰慕它的荣光。

反思 教师宽泛的设题利于学生的发挥，作者用 300 字左右把昭君的身前身后写得详尽动人。

笔者坚持做批阅。笔者的批阅，尤其是用一双慧眼去发现学生作文中的亮点，及时用语言加以鼓励甚至将文章提请全班交流对激发学生的作文热情尤为重要，教师的一字一词、一颦一笑都是对学生莫大的鼓励。当学生对教师充满信任和热爱时，他们会爱上写作，也会写得更好更轻松。

笔者坚持搞发表。笔者和学生约定期限比一比在同等时间谁发表的文章更多、更有质量，学生有更高的自我期许，笔者辅以力量加以修改、推荐，在班级内兴起一股热爱写作、热爱发表之风，以此激发学生经久不衰的写作热情。

二、逐层达优

在教学中，找到合理的切入点，让学生能够积极参与进来，真正成为课堂的主人，学生的参与态度、参与方式、参与质量等都决定教学的质量和效率。

（一）题目设置宽泛

当教学内容能够用多种形式来呈现时，学生更容易接受；当学生的思想可以多渠道表达时，更容易刺激其创作欲望。每次设题都要呈现出多元性、选择性和梯度性特征。因此，笔者设置作业尽可能宽泛，如布置命题、半命题作文设置多个标题，布置材料作文时安排多则材料选择一则来进行写作，文体不加限制等。在宽泛的设题条件下，学生找到写作的兴奋点，进而写出高质量的作品。

（二）个体悟写集体优化

针对文本中引发情感共鸣的地方，学生根据自己的感悟写随笔，小组内筛选出优秀作品展示交流。作品作者不一定唯一。传统的教学方式往往是教师要求学生个人创作，运用“三定”原则对学生进行检测，即定题、定时、定量训练，久而久之学生在压力之下认为作文创造枯燥乏味，以至于和教师的期望渐行渐远。笔者引导学生交叉使用个人创作、小组创作、师生合作的方式进行创作，达到既培养学生的作文能力，又激发其作文兴趣的目的。小组创作坚持“三同”原则，即同题、同时、同要求，所谓同要求即小组规模大体一致，各设一名组长，成员男女搭配，各组平均水平基本相当，角色包括主笔、修改者、成果发布人等。师生创作分三步完成：写，师生同题、同时参与创作；比，师生将各自创作的作品提供出来参与交流、评比；改，将提供交流的文章提交全班讨论，将大家认为值得完善的地方加以修改，达到优秀的标准。让学生在看似游戏的情景之下产生写作兴趣。

【案例分享 13】

笔者设题：师生刚刚共同读完名著导读《三国演义》，笔者随即布置作业：请选用中国古代人物素材写一篇你对他们经历的评述作文，写完后小组修改完善，选出优秀作品在全班交流。

学生个体作品

站起来拥抱世界

蒋甜

蜷曲在角落里的人，阳光常年寻觅不到他的身影；俯身在神明圣殿下的人，清风拂不去他盲目的虔诚；蹲守在机遇的渡口的人，幸运往往与他擦肩而过。曲着双膝，弓着脊梁，或许可得一时慰藉，却与世界失之交臂；而站起来才发现世界正微笑着款款走来，张开双臂，拥抱你的灵魂。

历史静静流淌，穿梭回千年前越甲吞吴的那一天，当吴宫处处笙歌、舞影迷离之时，勾践已率千军万马攻破吴王的防线，一剑直指吴王喉。有谁能想到日喂马、夜宿棚的跪辱十八载的战俘，有朝一日竟重整旗鼓，锐气直冲云霄。倘若越王在国亡的那一刻，甘心地臣服于吴王脚下，此生跪地为奴，俯身为仆，便永无翻身重返的那一天。可幸，他的隐忍不过是为了站起来打下基础。

千年后的吴宫幽径已被花草掩埋，勾践的卧薪尝胆却为世人铭记流传，成者王，败者寇，越王站起来的那一刹，江山尽拥入怀，他所得到的又何止是天下。

若说越王站起来的是蜷曲太久的双膝，那么，史铁生所站立的便是那巍峨的灵魂。

某年某月某天，史铁生再也直不起他的双腿，任不幸剥夺原有的天性。就那么再也无法健步如飞地跋山涉水，就那么永远地与轮椅日夜相随。大凡这样的人，因身体的残缺，心灵也日渐被绝望咬噬，终退化成郁郁蜷缩于黑暗中的阴影。在他们心上，有什么，轰然倒塌，再也筑不起足以抵御风雪的城墙。而铁生于身体倒下的那一刻，狠命一推，让灵魂站立于世界。站起来的灵魂犹如一道曙光，照亮千万人的前程，也让他赢得世界的拥抱。

或许，有些人永生也直不起他的双腿，然而灵魂却可以取而代之，站起来，接受苦难的洗礼，洞穿山穷水复后的柳暗花明，拥一方怡然佳境。

然而，总有那么多的人，缺少了那一份勇敢与果敢。

囿于君臣之道的孔明，若敢冲破桎梏，站起来指点江山，或许，就不会让蜀国衰亡至此；被逼上梁山的林教头，若执着初衷，站起来率领千军万马，或许，就不会让梁山泊的好汉穷途末路；困在红楼之境的薛宝钗，若不顾封建礼教，站起来追寻自己的幸福，或许，就不会落得个金簪雪里埋的下场。

蜷曲或者站立，只在一念之间罢，却可以改变人生的轨迹，而站起来，你便赢得了世界的拥抱，花开彼岸，纷华乍现。

小组修改作品

站起来拥抱世界（改为：站起来便是历史巨人）

蒋甜组成员：唐云峰、陈青、蔡晓锐、杨媛媛、吉星怡

蜷曲在角落里的人，阳光常年寻觅不到他的身影；俯身在神明圣殿下的人，清风拂不去他盲目的虔诚；蹲守在机遇的渡口的人，幸运往往与他擦肩而过。曲着双膝，弓着脊梁，或许可得一时慰藉，却与世界失之交臂；而站起来才发现世界正微笑着款款走来，张开双臂，拥抱你的灵魂。

历史静静流淌，穿梭回千年前越甲吞吴的那一天，当吴宫处处笙歌、舞影迷离之时，勾践已率千军万马攻破吴王的防线，一剑直指吴王喉。有谁能想到日喂马，夜宿棚的跪辱十八载的战俘，有朝一日竟重整旗鼓，锐气直冲云霄。倘若越王在国亡的那一刻，甘心地臣服于吴王脚下，此生跪地为奴，俯身为仆，便永无翻身重返的那一天。可幸，他的隐忍不过是为

了站起来打下基础。

千年后的吴宫幽径已被花草掩埋，勾践的卧薪尝胆为世人铭记流传，成者王，败者寇，越王站起来的那一刹，江山尽拥入怀，他所得属的又何止是天下。

若说越王站起来的是蜷曲太久的双膝，那么，史铁生所站立的便是那巍峨的灵魂。

某年某月某天，史铁生再也直不起他的双腿，任不幸剥夺原有的天性。就那么再也无法健步如飞地跋山涉水，就那么永远地与轮椅日夜相随。大凡这样的人，因身体的残缺，心灵也日渐被绝望咬噬，终退化成郁郁蜷缩于黑暗中的阴影。在他们心上，有什么，轰然倒塌，再也筑不起足以抵御风雪的城墙。而铁生于身体倒下的那一刻，狠命一推，让灵魂站立于世界面前。站起来的灵魂犹如一道曙光，照亮千万人的前程，也让他赢得世界的拥抱。

或许，有些人永生也直不起他的双腿，然而灵魂却可以取而代之，站起来，接受苦难的洗礼，洞穿山穷水复后的柳暗花明，拥一方怡然佳境。（删掉或者换位陈涉这个例子，理由：史铁生是当代人物，不是历史人物）

然而，总有那么多的人，缺少了那一份勇敢与果敢。

囿于君臣之道的孔明，若敢冲破桎梏，站起来指点江山，或许，就不会让蜀国衰亡至此；被逼上梁山的林教头，若执着初衷，站起来率领千军万马，或许，就不会让梁山泊的好汉穷途末路；困在红楼之境的薛宝钗，若不顾封建礼教，站起来追寻自己的幸福，或许，就不会落得个金簪雪里埋的下场。

蜷曲或者站立，只在一念之间罢，却可以改变人生的轨迹，而站起来，你便赢得了世界的拥抱，花开彼岸，纷华乍现。

陈默点评　蒋甜同学的《站起来拥抱世界》极好地阐述了站起来与不站起来的结局，在对比举例中，站起来举了勾践和史铁生的例子，不站起来举了孔明、林冲、薛宝钗的例子，算是一篇佳作。但她并未关注到设题当中要求选用历史人物素材这一要求，而该同学的小组成员发现了问题，提出了修改意见并且在题目上做了强调。

三、优作发布（发表）

创作需要教师用激情去点燃学生的学习热情。为了激发学生参与写作的热情，笔者充分肯定他们的成绩，及时发表他们的创作成果。关照他们渴望获得名誉、赏识、高度评价的心理，他们写作的原动力不减。因此，笔者将优秀作文印发给全班学生，让作者在全班大声诵读，将文章张贴在教室的学习园地，对于达到标准的优秀作品，除了通过班级博客（对家长和全年级学生公布，让更多人关注）、班级文集（人手一本）展示外，还向校刊、区（县）刊及市级、省级其他报纸杂志投稿，通过高平台的展示来提升学生的自信心、耐心和创造激情，让学生有被认可的感觉，从而让他们持续不断地创造。

【案例分享 14】

别样东坡

付川询

点灯，展书。你的低吟浅诵在诗词的长河中涤荡出独特的馨香。

中华五千年，文人墨客，各领风骚，李太白有他独领风骚的豪迈狂放——“且乐生前一杯酒，何须身后千载名”；李易安有她别具一格的多愁善感——“知否？知否？应是绿肥红瘦”；陆放翁有他独树一帜的赤胆忠心——“位卑未敢忘忧国，事定犹须待阖棺”。

而你，在大多数人眼中，大概独特在乐观豁达上。是啊，究竟江上是怎样的清风吹拂过你，山间是怎样的明月流照过你，苏东坡？一蓑烟雨，你竹杖芒鞋轻胜马；两袖清风，你此心安处即吾乡，霜鬓何妨？你雄姿英发，着锦衣貂，牵黄擎苍；十年生死，你痴情深深，难话凄凉，尘霜满面，唯泪千行。

这些仿佛都给你“圣人”的光环注入了不少光芒，但我想把光调暗一点，好让你不那样刺眼。我觉得你适合柔一点、暖几分的光，因为你其实是一个平易近人的、可亲可爱的人。

你有天赋，又不失天真，我想这是千百年来历代之人对你喜爱不减的原因。我时常在想，若你穿越到现代，也许会是朋友圈最火的那个人。

因为你是一个纯真“吃货”。你曾“日啖荔枝三百颗”，说“不辞长作岭南人”。面对你幼子新创的蒸芋，你赞道：“香似龙涎仍酽白，味如牛乳更全清。”你甚至作打油诗《猪肉颂》：“慢著火，少著水，火候足时它自美。每日起来打一碗，饱得自家君莫闲。”这便是广为流传的东坡肉的做法。你当然是食人间烟火的，而且擅长美食。无论被调迁至何处，你从不被粗粝的生活束缚。雪沫乳花，蓼茸蒿笋，你只道人间有味是清欢。

因为你是一个率性的“顽童”。你的考场之作《刑赏忠厚之至论》，才思之敏，使副考官梅尧臣多加赞赏；交至主考官欧阳修，他甚至因怀疑为自己学生曾巩所作，避嫌而取之为第二名。欧阳修遍览史书，博闻强识，却不知你文中“当尧之时，皋陶为士。将杀人，皋陶曰：杀之三。尧曰：宥之三。”的出处。被问及此，你大笑说：“何必知其出处。”哈，原是你信笔乱写之处。率性自由，真有几分老顽童之神气。

因为你是一个傲气的“文青”。《定风波》的小序里你这样说：“三月七日，沙湖道中遇雨，雨具先去，同行皆狼狈，余独不觉。已而遂晴，遂作此。”料峭春风，吹散酒意，你却倔强地说：“微冷。”假如我像你，雨湿衣袍又吹寒风，哈，母上大人定会心急如焚。但在你写于元丰五年三月，也就是作《定风波》那月的《游兰溪》中，又提及“黄州东南三十里为沙湖，亦曰螺蛳店，予买田其间，因往相田得疾。”一对比，我不禁笑出声来。原来你逍遥于风雨之中，也会患病，一个真实的你浮现在字里行间。万丈豪情之中的一点可爱，多么珍贵！

圣人亦凡人，如你，苏子瞻。调柔你耀眼的光芒，你是一个多么率性纯真的人！可再访东坡春雨中，寻雪堂西畔处，再无一人闲坐，对一长琴，一壶酒，一溪云。

陈默点评　“吃货”“顽童”“文青”，作者用自己的理解去阐释了苏东坡的别样与另类，作者积累丰富，文笔别致，将苏东坡刻画得栩栩如生。他对东坡的理解跳出了政治，跳出了文学，而是作为一个活生生的人来进行欣赏和塑造的。

注：本文发表于 2016 年 8 月 2 日《资阳日报》。

四、演绎经典

对于经典篇目，笔者引导学生再演绎，演绎即重现文本，包括改编、演出、录制三个部分。

改编：针对经典古诗文，笔者引导学生运用现代白话文的方式进行改编，形成新的可供演出使用的剧本。

演出：针对改编剧本，学生在全班范围内选举产生导演、演员、制片人，实现自编、自制道具、自己演出。

录制：由学生制片人录制剧本、剪辑组合，形成电子档案，全体师生回放评价。

每一步都由小组分工合作完成，真正体现学生的主体意识。通过活动激发其持续创作、表演的兴趣，最终达到快乐学习的目的。

【案例分享 15】

《窦娥冤》课本剧

编剧：汪婷

指导教师：陈默

导演：敖露曦、周鑫

道具：康曦、彭乙、蒋鸢榅

演员：窦娥（罗倩饰）、蔡婆（贺姣饰）、衙役（黄志强饰）、刽子手（何天雄、罗鑫饰）、观众（其他同学饰）

制片人：朱鸿

多名群众围在巷口外

（监斩官出场）

监斩官：本官今日监斩犯人，来人啊！

衙役：（两名衙役上前）

监斩官：你们守住巷口，莫让闲杂人等闯了进来。

衙役：是！

（衙役鼓三下，锣三下）

（刽子手摇旗、提刀、上锁）

刽子手甲：（推窦娥，踉踉跄跄）快点快点，监斩官已经在法场等候多时了。

窦娥：（面色凄惨）平白无故就犯了王法，没想到要遭受刑罚，冤枉啊！不久，我就会成为那阎罗殿的孤魂野鬼，叫我怎么能不埋怨不长眼的老天爷……（悲愤）苍天啊！你应该仔细分辨清白和污浊，为什么你分得清白日黑夜却混淆了好人坏人？为什么好人不长命，恶人反而荣华富贵、长命百岁？哼（轻蔑），原来你也是个欺善怕恶的！（指地）地啊！你好歹不分凭什么做地？（指天）你黑白颠倒、错判善恶，白白地做了天！……哎（摇头）纵我心中有万般怨恨，我也只能白白地流泪含冤而去。

刽子手甲：走快些！耽误了时辰，我们担待不起。

窦娥：我被这枷锁拷得左右摇晃，被挤得路也走不稳，如何走快些？（走几步）大哥，我有话说。

刽子手甲：你有什么话说？

窦娥：若从前街去到法场，我做鬼也会对二位心怀怨愤；若从后街走，我死而无怨了，请大哥成全。（跪）

刽子手乙：你现在家中有什么亲人？可以让他过来见你最后一面，让你也走得安心。

窦娥：我早已孤身多年，才落得如此凄惨的地步。

刽子手甲：难道你家中爹娘也没有？

窦娥：只有一个爹，在十三年前将我丢下上京谋取功名了，到现在杳无音信，一面也未曾见过。

刽子手乙：你刚刚为什么让我从后街走？

窦娥：我怕在前街里被我婆婆瞧见。

刽子手乙：你命都不要了，怎么害怕被她看见？

窦娥：我从七岁跟在婆婆身边，她把我当成自家闺女儿，如今要是看见我被押赴刑场，定把她活活气死！（悲叹）求大哥，在我临死前给个方便。

刽子手乙：哎……好吧！

（到法场，等候行刑。蔡婆婆在巷口外哭上）

蔡婆婆：天哪！这不是我媳妇吗？

衙役：婆子靠后。

窦娥：婆婆！（对衙役）既然我婆婆来了，就叫她过来，让我嘱咐两句吧。谢谢大哥！

刽子手甲：那婆子过来，你媳妇要嘱咐你几句话。

蔡婆婆：（哭）好孩子，是我害了你啊！

窦娥：（摇头）婆婆，那张驴儿投毒要害死你，然后霸占我为妻，没想倒把他老子毒死了，我怕连累了婆婆，屈打成招认了罪，今日便要被处决。

蔡婆婆：（哭）

窦娥：婆婆，莫要哭泣。这都是我的命，是我没时没运，蒙受这等冤屈……婆婆，念我平日孝顺，今后初一、十五有剩下的酒饭、烧不完的纸钱，给孩儿烧一叠就算是看在你死去的孩儿的面上。

蔡婆婆：好孩儿，你放心，这些我都记着……天哪！孩子，是我害了你啊……

窦娥：（摇头）

衙役：（拉下婆婆）时辰要到了。

窦娥：（看着婆婆离开，绝望）婆婆……（对监斩大人）大人，窦娥还有一事要求大人成全，大人若肯依，我就是死也甘愿。

监斩官：你有什么事？说吧！

窦娥：（叩首）给我一块干净的草席站立，还要三尺白练挂在旗杆上，若我确实被冤枉，刀过处，那热血定然全都溅在白练上，没有半点洒落红尘！不是我窦娥胡说，实在是有天大的冤屈。我要让所有人看见，这就是苌弘尽忠化为碧血，望帝悲啼变成杜鹃！

监斩官：三尺白练？就依你，有什么难的。

（刽子手取席铺上，挂练）

群众议论纷纷，有人喊："大人，我们邻里看着窦娥平时善良孝顺，也许真的有冤屈！"群众应："是啊！"（交头接耳）

衙役：关你们什么事？闭嘴！

刽子手乙：（对窦娥）你还有什么要说的？趁现在一并说了吧！

窦娥：（叩首）大人，如若窦娥真是冤枉的，我死后尸体定当被六月飘雪所掩埋，山阳县定大旱三年，民不聊生。

监斩官：真是妖言惑众，当下明日高照，甚是炎热，即便你心有不甘也唤不来雪，再说我山阳县福星当头，备受天泽，岂是你口出狂言就能应验的？

窦娥：（望天）为善的受贫穷更命短，作恶的享富贵又寿延。地啊！你不分好歹何为地？天啊！你错勘贤愚白做天！

衙役：行刑！

刽子手乙：（望天）嗯？怎么天突然变阴了？（后台的风）

群众议论："好冷的风啊！""天阴了！"大人，天阴了，或许真有冤情，是不是……开恩吧……开恩啊！

监斩官：（执令）斩！

刽子手甲：（挥刀）窦娥倒，白练出现血迹。

刽子手甲：呀！这血真的没落在地上半点！

刽子手乙：真是奇怪！……（看天）呀！下雪了，真的下雪了！

监斩官：真是下雪了……莫非这窦娥真是冤死的。

衙役：刽子手、群众议论纷纷，有人喊：（惊慌失措）这一定是冤枉的！我山阳县必遭三年大旱。哎！我们该怎么办啊？

监斩官：（拍案）休要胡说！（对身后衙役）看样子，雪一时半会儿停不了了，你们将她尸体还给那蔡婆婆罢！（衙役应，抬下）退堂！

陈默点评　学生根据对文本的理解，设计了多个角色并在全班范围内选举产生编剧人，实现自编；针对改编剧本，自制道具、选择演员自己演出；对演出课本剧进行了录制，由学生制片人录制剧本、剪辑组合，形成电子档案。每一步都由学生分工合作完成，真正体现学生的主体意识。通过活动激发其持续创作、表演的兴趣，最终达到快乐学习的目的。

注：本文发布在班级博客上。

成果篇—— 美教美学，美丽人生

美育能够提高人的幸福生活指数。坚持美育是有教育理想的教师的自觉追求，也是贯彻党的教育方针的具体行动，更是为学生一生幸福奠定基础的教育情怀。美育是教育理想的最高境界。师生在教学过程中充分挖掘文本中的美育因素，充分利用文本中的美育因素，在此基础上实现新发现、做到新创造。在过程中，师生的才情得到充分展示。师生个体发挥，各美其美；生生合作、师生合作和谐共生；教师美美地教，学生美美地学，师生都获得升华，师生的人生因此而美丽。

教师美丽
坚持研究——认知规律，持续进步

笔者坚持研究，认识规律，发现教科书古诗文中美育因素之于人的品格的形成和发展影响的当代价值；分析教科书中的美的存在，剖析教科书中美育实施的突破口；设计活动，用活动实践证明活动步骤设计的科学性。笔者笔耕不辍，先后形成了多篇规律认知类论文、教科书分析类论文和实践操作类论文，现用以下三篇文章为例来进行描述。

一、规律认知类论文

古诗文美育因素与学生品格形成的意义

（一）真挚的抒怀教人学做真人

1. 在文字中见真性情

在必修二第三单元入选的《赤壁赋》中，通过写与客泛舟游于赤壁之下感受“清风”“水波”“明月”，开展“诵诗章”“饮酒”和“主客对话”等活动来体现被贬黄州的团练副使苏轼此时的豁达与释然。即使在感悟人生寄言“寄蜉蝣于天地，渺沧海之一粟。哀吾生之须臾，羡长江之无穷”之后仍然能够走出现实，寻求到“江上清风”“山间明月”是耳目之所托，是“造物者之无尽藏”，是“吾与子之所共适”之物，继而“喜而笑”“洗盏更酌”“相与枕藉乎舟中”。由此可见，政治上的失意、精神上的苦闷没有打倒苏轼，他坦然的胸襟、豁达的情怀跃然纸上，他的大丈夫、真汉子形象映入我们的眼帘。他的真性情感动着每一个和文本交流的读者。

2. 在环境中展真世界

《兰亭集序》首段描述了难得的时节“岁在癸丑，暮春之初”；清雅的聚地“会与会稽山阴之兰亭”；恰逢欢欣的“禊事”礼；名士相聚“群贤毕至，少长咸集”；优美的环境“崇山峻岭，茂林修竹，清流激湍，映带左右”；诗酒相和“流觞曲水，一觞一咏”；宜人的气候“天朗气清，惠风和畅”。这种环境是当时参会宾朋的游乐场，也是今天文人的向往地，更是所有读者心驰神往的聚集所。在这里，所有文人雅士都能“游目骋怀”，极尽“视听之娱”。这种环境在人心中留下的印象是真实的印象、深刻的印象，是它的真实特征铸就“真世界”的读者感悟。

3. 在形象中现真生活

第三册第一单元选取了《林黛玉进贾府》作为鉴赏篇目，其中作者通过大篇幅情节来塑造宝玉形象。作者使用多侧面刻画的方法来塑造贾宝玉。通过王夫人对林黛玉交代“我有一个孽根祸胎，是家里的‘混世魔王’”来整体塑造一个顽劣异常、涎皮赖脸的乖张形象。通过黛玉的亲眼所见“头上戴着束发嵌宝紫金冠，齐眉勒着二龙抢珠金抹额；穿一件二色金百蝶穿花大红箭袖，束着五彩丝攒花结长穗宫绦，外罩石青起花八团倭缎排穗褂；登着青缎粉底小朝靴。面若中秋之月，色如春晓之花，鬓若刀裁，眉如墨画，面如桃瓣，目若秋波。虽怒时而若笑，即瞋视而有情”来塑造一个外貌出众、面容明朗、直率可爱、灵活多情、养尊处优的大家子弟形象。通过作者的艺术加工“无故寻愁觅恨，有时似傻如狂”来塑造一个非同寻常的叛逆者形象。寓褒于贬，充分概括了宝玉身上最突出的闪光点——叛逆性格，由此来鞭挞备受封建礼教束缚、盲目追求功名利禄的封建纨绔子弟群像的生活状态。通过王夫人、林黛玉和作者的不同表述，我们明明感知到了封建纨绔子弟群像的真生活是：顽劣、养尊处优又备受约束。

（二）丰富的人文内涵影响青年品格的形成

1. 浓烈的爱国情感彰显民族大义

《永遇乐·京口北固亭怀古》上片通过写“英雄无觅孙仲谋处”赞扬在京口建立霸业的孙权，通过写“寻常巷陌，人道寄奴曾住”来讴歌率军北伐、气吞胡虏的刘裕。拳拳赤子心，浓浓爱国情；烈烈战火后，款款赤诚怀，时任镇江知府的作者，尽管66岁了，言语中未减豪壮之情，一股为国效力、壮志满怀、为国立功的热情向读者迎面扑来。我们不得不深思作者有这种想法的真实缘由何在。下片借讽刺刘义隆表明自己坚决主张抗金但反对冒进误国的立场和态度。作者未忘历史，未忘耻辱、未忘人民。“四十三年，望中犹记，烽火扬州路。”爱国热情溢于言表。

2. 纯真的爱恋情怀体现赤诚忠贞

《醉花阴》是李清照的怀人之作。词作中“薄雾浓云愁永昼，瑞脑消金兽”借助室内外秋天的景物描写来表现孤独寂寞的愁怀。“玉枕”“纱橱”是生情之景。一个“又”字，充满了寂寞、怨恨、愁苦之感。“东篱把酒黄昏后，有暗香盈袖”写出了词人把酒独酌的情景，衬托出离愁别绪。“莫道不消魂，帘卷西风，人比黄花瘦”则是直抒胸臆，表达因“愁”而“瘦”，因“相思”而“瘦”。营造出“情深深，愁浓浓”的凄凉意境。作者对丈夫的思念、爱慕无不寄寓景中，她的赤诚与忠贞无不体现在词作中，有利于学生树立正确的爱情观，正确地面对人生的不如意。

3. 亲和自然之举动反映物我统一

《归去来兮辞》中第二段直写作者想象中的归途情景和归隐后闲适自在的家园生活。这中间，有“羁鸟恋旧林，池鱼思故渊”的焦急迫切，也有冲破“尘网”、挣脱“樊篱”的欢欣鼓舞；有久别重逢、安享天伦的欢畅喜悦，也有闲庭信步、触目成趣的宁静安逸；有饮酒寄傲、与世隔绝的孤高自许，也有策杖流憩、矫首遐观的自然情趣。宁静淡泊的日常生活，温馨朴实的家乡亲情和清新素雅的自然景观令诗人流连忘返，沉醉不醒。诗人沦落尘网十三年，陷身官场，与世沉浮，受人羁绊的不自由不自在终于在自然界中得到释放，这份压抑的情绪终于在田园生活中得到畅快宣泄。“景翳翳以将入，抚孤松而盘桓”，直接写诗人在现实中的沉醉与满足。回归田园，告别官场，是作者挣脱官场之举，也是作者亲和自然之举，纵情山水、亲和自然、超脱世俗、物我统一是本文的思想境界。这种行为和举动能引起学生的思考，是对未来人生道路上的“追求”与“舍弃”、“拿起”与“放下”的一种示范。

（三）艺术的表达激发青年的想象力和创造力

1. 倾诉衷情，学生易在领略中拓展思维，再现作家情怀

《陈情表》是李密写给晋武帝的一份公文，字字生情，句句含情。陈情之情，耐人寻“情”。诉苦情，文章开篇陈述其不幸命运：孩提时代，父丧母嫁，失怙失恃；成长时代，体弱多病，伶仃孤苦；成人之后，无亲无戚，晚有儿息；如今现实，祖母卧病，侍药难离。祖孙二人凄苦相依的命运，苦情动心，真诚感人。说难情，一方面是国恩难报，君情难违；另一方面，祖母供养无主，疾病日重，养恩难忘，亲情难舍；还有诏书的责备、郡县的逼迫、州司的催追。消疑情，旧朝时，“本图宦达，不矜名节”；新朝时，“过蒙拔擢，宠命优渥”的对比中，流露了李密的感恩之心，更消除了统治者心中的郁结。表忠情，先有“非臣陨首所能上报”的感触，后有先尽孝后尽忠的承诺，终有“生当陨首，死当结草”的誓言。忠君之情，溢于言表；感君之恩，动人心魄。学生在朗读过程中少不了对作者矛盾情怀和艺术表达的再现、领悟，同时，也少不了心弦的拨动、情感的陶醉。

2. 天马行空，学生在思索中激发潜能、建构艺术空间

《逍遥游》开头一段，从“北冥有鱼”起至“众人匹之，不亦悲乎”止，作者大笔挥洒，以描写神奇莫测的巨鲲大鹏开端，一开头就向我们展示了一幅雄奇壮丽的画卷。鱼幻化为一只巨鸟，这样的鱼和鸟是现实生活中绝对没有的，但作者凭借丰富的想象力让你相信世间有此二物。接下来，作者为了说明“有所待”与“无所待”、“小”与“大”的区别，先以水与舟的比喻，说明“水之积也不厚，则其负大舟也无力”，证明大鹏的高飞南迁，凭借的是九万里的大风，这是“有所待”的，没能做到真正的“逍遥”，也就是没有达到作者理想的绝对自由境界。童话般地叙述了蜩和学鸠对大鹏的嘲笑，有力地说明作者所要表达的“小知不及大知”的道理。朝菌、蛄与冥灵、大椿的比喻，长寿者彭祖与众人的比喻等，自然说明了“小年不及大年”的道理。这一系列的比喻，是为了说明这些人和物之间小大之辨十分明显，但都没能达到超脱一切的“逍遥”境界。第三段从“故夫知效一官”至“圣人无名”，其中列举了宋荣子、列御寇这些近乎神仙的人，但他们毕竟还是有所依靠和凭借的。庄老最后的结论是：至人无己，神人无功，圣人无名。到这里，全篇的中心思想和盘托出，使人豁然开朗。真正的逍遥游是要达到至人、神人、圣人那样的忘我、无为、无用、无所待的绝对自由的精神境界。

至此，庄子给所有读者展示了他天马行空的才华和想象力，建构了一个上至云端，下达蓝海的雄壮阔大的艺术境界，这种境界能够激发学生的思维潜能，和作者一道同天地往来。

3. 含蓄委婉，学生在创造中提升素养、完善美的享受

《声声慢》是李清照南渡以后的名篇之一。从词意看，是她对赵明诚深沉的思念。她早年的作品也写愁，但那只是生离之愁、暂时之愁、个人之愁，而这里所写的则是个人遭遇与家国兴亡交织在一处之愁。起头三句，用七组叠字构成，是词人在艺术上大胆而新奇的创造，在音律和意境营造上独具特色。“寻寻觅觅”四字，劈空而来，细加玩索，才知道它们是用来反映若有所失的精神状态。“冷冷清清”既明指环境，也暗指心情。“凄凄惨惨戚戚”，则纯属内心感觉的描绘。“凄凄”一叠，是外在环境与内在心灵相连接的关键，承上启下，由浅入深，文情并茂。“三杯”两句，本应说借酒浇愁，而愁仍难遣。然而这里也不明说此意，只谈酒不足以敌急风，用意含蓄。

关于“寻寻觅觅，冷冷清清，凄凄惨惨戚戚”的含蓄意义，只有通过

的是“空房一座”；当焦母要遣归兰芝之时，仲卿也只得顺从母亲；当父兄不容之时，仲卿甚至开始怀疑兰芝的忠贞了；这一切不期而至，加在一个弱女子的身上，作为丈夫的焦仲卿没有以体贴妻子、力挽狂澜的大男人形象出现，而是一把鼻涕一把眼泪的出现在兰芝面前，让兰芝既难过又无所适从，既爱怜又难以信任，这让兰芝的内心更添一道伤痕，倍增一种凄凉，怄得无法消解。

（三）仲卿“逼”得紧

仲卿看似始终和兰芝站在一起，劝诫母亲，送妻回家，互表忠贞；看来没有哪点是错的，没有哪点不是为妻子着想的，但细读文本我们会发现仲卿在这场悲剧中是一个推波助澜者：

他逼妻从母。仲卿得知母亲有意刁难妻子，想以此来遣归妻子的信息之后，首先是挑战家庭权威，同母亲叫板，长跪告：“伏惟启阿母。今若遣此妇，终老不复取！”一个有骨气、一个有正义、一个敢担待的男人形象映入我们的眼帘。但在阿母槌床大怒：“小子无所畏，何敢助妇语！吾已失恩义，会不相从许！”之后，仲卿默无声，再拜还入户。一个反抗不彻底，一个内心有顾虑，一个孝顺而乖巧的男性出现在我们面前。读到举言谓新妇，哽咽不能语“我自不驱卿，逼迫有阿母”之时，我们发现一个畏首畏尾、一个是非不分、一个逼妻从母的男孩儿，面目模糊。他让我们替兰芝惋惜、替兰芝不值！他的这句话让兰芝彻底失望了，兰芝如果先只是表达内心的不满，那么，此刻，仲卿的话可以解读为：“权衡之下，母亲更大，请你回家，顺从了吧！”

他逼妻明志。兰芝回家多日，未闻仲卿有何举动，也未见仲卿前去探望，当仲卿听到兰芝将出阁另嫁之时才慌了神，才“求假暂归”，兰芝的“蹑履相逢迎，怅然遥相望”并未让仲卿感怀，他听了解释之后不顾妻子的感受，冰冷地说出：“贺卿得高迁！磐石方且厚，可以卒千年；蒲苇一时纫，便作旦夕间。卿当日胜贵，吾独向黄泉！”这是让兰芝最不能理解、最无法谅解、最蒙受羞辱的几句话，有讽刺、有怀疑、有逼迫。别人的逼迫，兰芝没有激愤，但自己深爱的男人怀疑自己的忠贞，让她按捺不住愤懑，她只有许诺：“黄泉下相见，勿违今日言！”以死明志，是她聊表忠贞的最好体现。

他逼死自己。讽刺妻子、怀疑妻子、逼迫妻子，让妻子“举身赴清池”，也将自己逼迫至死亡的边缘。兰芝重情重义，感化了仲卿，让仲卿感动，也让他敢作敢为。他再次向母亲表达自己内心的所想，在得知兰芝别离人世之后“徘徊庭树下，自挂东南枝”结束了自己的生命。

可以说，本文对人物心理的描写远大于对社会的描写，所谓从社会学关注，只不过是从故事发生的背景而观，而真正酿成惨剧的是三个主人公的心理。

注：本文发表于《语文报》（教师版）第238期。

三、活动设计类论文

论境场创设和分类设课在语文教学中的运用

在语文教学中强化对学生审美能力的培养将会对学生的情感、想象、思想、意志和性格产生深远影响，要在教学过程中实施审美活动就必须“变传统的唯智育的课堂教学活动为认知、情感、意志互动的求真、向善、创美的全面教育活动”，经过反复实践，笔者对其实施路径进行了探索。

（一）创设境场实现美育

1. 展示图景

2004年初审通过的人教版（现行版）普通高中课程标准实验语文教科书（必修）第三册第二单元入选了《蜀道难》，其中着力描绘了秦蜀道路上奇丽惊险的山川。按照由古及今，自秦入蜀的线索，抓住各处山水特点来描写，以展示蜀道之难。一开篇就极言蜀道之难，以强烈的咏叹点出主题，为全诗奠定了雄放的感情基调。随着感情起伏和自然场景的变化，“蜀道之难，难于上青天”的咏叹反复出现，激荡着读者的心弦。太白峰不可逾越的险阻，“上有六龙回日之高标”到“使人听此凋朱颜”极写山势的高危，衬以“回川”之险，用虚写手法层层映衬。诗人着重就其峰路的萦绕和山势的峻危来表现人行其上的艰难和畏惧心理，捕捉了在岭上曲折盘桓、手扪星辰、呼吸紧张、抚胸长叹等细节动作加以摹写，寥寥数语，便把行人艰难的步履以及惶悚的神情绘声绘色地刻画出来。

李白以变化莫测的笔法刻画出了蜀道之难。但仅仅就语言表述所展示的艰险靠没有生活积淀的学生来理解是难以实现准确把握的。教师应在上课之前做好相应图画的准备，适时展示出“太白峰”的高峻形象，“天梯石栈相勾连”的模样，“冲波逆折之回川”的怒气，“青泥岭”的险峻，将学子带入学习境场，让他们真正感悟到“蜀道之难”难于何处。

2. 音乐伴奏

《琵琶行》中对于音乐描写有四大妙处，一妙，妙在比喻手法的运用：

以声喻声，化抽象的音乐为形象可感的声音，写出琵琶女演奏乐曲的轻重缓急、流畅凝涩、激越高亢、悄无声息等特征。“急雨”写乐声沉重抑扬；“私语”写乐声细碎轻柔；“大珠”“小珠”表现乐声清脆圆润；“莺语”表现乐声流畅婉转；“冰泉”表现乐声顿挫凝滞；“银瓶乍破”“铁骑突出”表现乐声忽然从静默中暴发，激越雄壮；“裂帛”表现乐声戛然而止。二妙，妙在运用拟声词直接记录乐声；“嘈嘈”“切切”“间关”使人如闻其声。三妙，妙在指法娴熟，“转”“拨”“掩”“抑”“拢”“捻”“抹”“挑”“画”，样样精通；她融情于乐，技艺高超。四妙，妙在侧面烘托，“东船西舫悄无言”，通过对曲终后人们依然沉浸在乐声中如痴如醉的状态的描绘，烘托了琵琶曲的感染魅力。

在教学中应当准备好舒缓、低沉、充满幽怨情怀的琵琶曲让学生感悟音乐节奏，感知音乐之于人内心的感染力，引发对琵琶女的关怀和同情之心。

3. 师生游戏

《兰亭集序》出现在课本的第二册中，恰值该学期要经历暮春时节，为了让师生都感悟到文人雅士当时的乐趣及人生体悟，可以将该课调至开学之初来学习。同样为了切合文本所提及的时间“暮春之初”，地点“会于会稽山阴之兰亭”，活动“修禊事也”，可以将该课安排在三月初，环境清雅、山水环绕的地方，师生可以先到水边模拟古人做“禊事”，通过洗礼祓除不祥。老师担任主持，即充当王羲之的身份，所有的同学则扮演文人雅士，没有音乐，没有喧哗，师生带好酒杯等道具，开展诗歌吟咏活动，感悟“群贤”的兴致及乐趣。除此之外，师生还要互谈人生感悟，让一名颇具才华的同学赋文记录整个事件，以此来还原课本的原型。让学生通过师生游戏来感悟学习的乐趣，引发对美的探索。

（二）分类设课实现美育

1. 开设常识性课程

高中语文所涉及的古诗文知识涵盖及其广泛，要实现全面掌握、真正发现其美的存在，融入经典文字，触摸含蕴在作品中的生命脉搏，感受作者及其所创造的文学形象的热度，就得全面把握作者精神上闪耀着的思想光芒；从而使鉴赏者养成一个缓冲、脱俗、平衡的系统，净化、升华人格。为此，要引导学生了解文学作品中关于“史”的成分，要讲授与高中语文有关的古诗文常识，如要使学生明白：初唐四杰是指王勃、杨炯、卢照邻、骆宾王，北宋文坛四大家是王安石、欧阳修、苏轼、黄庭坚，元曲四大家是关汉卿、马致远、白朴、郑光祖，七大古都是北京、西安、洛阳、开封、南京、杭州、安阳，八股文中的八股是破题、承题、起讲、入手、起股、中股、后股和束股，中国十大古典悲剧是《窦娥冤》《赵氏孤儿》《精忠旗》《清忠谱》《桃花扇》《汉宫秋》《琵琶记》《娇红记》《长生殿》《雷峰塔》……

通过开设专题的高中语文常识课程来引导学生发现古诗文的博大精深，了解古诗文精髓，掌握他们在文学史上的地位和作用。

2. 开设鉴赏类课程

2004 年初审通过的人教版（现行版）普通高中课程标准实验语文教科书（必修）所选古诗文作品大概可分为韵文、散文两大类。韵文包括诗《短歌行》、词《辛弃疾词两首》、曲《窦娥冤》、赋《赤壁赋》和骈文《滕王阁序》等，散文包括史传文《烛之武退秦师》《荆轲刺秦王》《鸿门宴》，论说文《过秦论》，杂记文《游褒禅山记》和应用文《陈情表》等。选择可谓全面而广阔。而高中语文素养包括语文的积累、语感、语文学习方法和习惯、识字写字能力、阅读能力、写作能力和口语交际能力，还包含思维品质、文化品位、审美情趣、知识视野、情感态度，特别是“思想观念”的形成。教师要真正引导学生开展深入透辟的见解，开拓学生的视野，需要分类指导，开设阅读鉴赏课程、比较鉴赏课程、批评鉴赏课程等类别的课程，让学生通过不同层面的尝试，寻求更加接近文本实际意义的鉴赏答案，培养学生发现美、表达美的能力。

3. 开设创作类课程

在高中语文古诗文教学过程中要激发学生的创作欲望，引导学生发现美、让学生将美形成可感的作品显得尤为重要。语文教师开设古诗文创作类课程的设题一定要宽泛，交流成果一定要及时，点评一定要带有鼓励性。高中语文古诗文教学过程中可以广泛引导学生发现文本中的美的特质，通过给文本配乐，结合文本内容画画，将晦涩难懂的文言文用优美的散文表达出来，用自己的理解方式朗诵古诗文作品，给文段写一段鉴赏词，扮演作品中的人物形象，唱一段作品中的唱词，导演一段课本剧等方式合理消解古诗文学习的枯燥味，让古诗文学习声情并茂，有滋有味。

注：本文发表于《语文报》（教师版）第 272 期。

师生课堂 PK 赛——开展实践，激情四射

传统的课堂是教师安排，学生完成，完成后等待教师的判分评价，这样的课堂呆板、无激情，学生无期待、动力弱。美育课堂追求师生个体发挥，各美其美；合作升华，美美共生。因此，在设置小组的同时，教师要单独成组，同时同题同 PK，成果发布时教师也要展示自己的同题成果。这对学生而言有师生平等的感觉，会点燃生生竞争、小组竞争、师生竞争的激情，同样师生对成果展示均有无限的期待。美育课堂由 PK 赛推向新的高度。PK 赛后，优秀作品逐层推荐发表，按照班级文集—班级博客—校刊—区（县）刊—市刊—省刊的层级逐级推荐，刺激学生的创作激情。

一、樊哙颁奖词师生课堂 PK 优秀作品

题目设置 《鸿门宴》中樊哙行为值得称道，假如樊哙被评为“感动中国”的历史人物，组委会邀请你为其写一则颁奖词，80 字左右，师生同题 PK，5 分钟完成，学生可以小组展示也可以个体展示，教师单独展示。

教师作品

忠心勇猛走龙潭，侠肝义胆闯虎穴。鸿门宴上，项王军中，你拔剑闯帐，侧盾撞击，立啖生彘肩，劝主归关中。参乘身份，力挽狂澜于既倒，你书写了一个勇士的神话；谋士智慧，镇定自若在危局，你树立一个侠者的丰碑。本纪书项王，历史记沛公，谋士耀古今，而你独无闻，精神却生辉。

——陈默

小组作品

自古英雄多豪杰，人道英雄何难为？虽为武夫，却进退有度，言虽直，却言之有理。为主公，孤身入敌营。忠心照明月，丹心留汗青。你不畏生死，侠肝义胆，穿越千年，仍然能感受你的豪迈气概。

——龙曦、袁龙、张宇、孙嘉文

敢入虎穴，敢走刀尖。随君主征战沙场，出生入死，力挽鸿门狂澜，逆转历史大局。忠心耿耿，照刘汉天地；勇气浩荡，震项楚河山。忠勇名

垂青史，智谋功载汗青者，樊哙也。

——黄文奕、李志辉、叶盈影、黄涛、徐航、郑晗曦

街头屠狗，幸入汉营中。本为一介莽夫，却语出惊人；鸿门宴中大刀阔斧，无人能挡，只身冲入楚营；饮烈酒，食生肉，面不改色，临危不惧，救主公于虎口之中；深知人为刀俎而不惧，我为鱼肉而谋生，身为一介武夫，大敌当前却冷静沉着；忠心耿耿，一心为主，实为一代豪杰。

——李扬、杨岱昕、刘威、杨天怡、黄抚贵、邓世豪

你舍生为主，危急关头挺身而出；你勇猛过人，重兵重围中强行突入；你临危不惧，重压之下游刃有余。你为一代武将，有勇有谋，无惧生死。你不拘小节，楚霸王惊叹你的勇武，你于危急中力挽狂澜，“人为刀俎，我为鱼肉”流传千古，“四海归一，刘汉天下”光照历史。

——骆世杰、刘涵、余珍珠、黄御莲、陈新亮、陈金龙

学生个体作品

剑拔弩张，你毅然同命，不惧霸王之淫威，护主于危难之间。天地风云为之动容，汗青上留下你的一抹光辉。你临危不惧，忠心耿耿，大胆放言；你粗中有细，义薄云天，豪情万丈。忠义两全，你以一己之力扭转乾坤，抒写了一个参乘的大境界。

——谢莉娟

明知山有虎，偏向虎山行。你虽是一介车夫，但你不畏强敌，拥盾入军门。披帷西向立，瞋目视项王。晓项王以仁义，救沛公于水火。忠肝义胆，侠义心肠。你用忠义奏响勇士的乐章，用侠义筑起道德的大厦，焕发出绚丽的光彩。你是侠之大者，英雄中的英雄。

——邓生爽

你是参乘，经天纬地与你无缘，但忠肝义胆与你长伴。刘邦身处危难之中，你奋不顾身直闯帐内，只为与他同生共死。面对霸王项羽，仍能瞋目而视，这是何等豪气！为仁义能将生死置之度外，千钧一发之际力挽狂澜，你留下的是高大的背影，带来的是历史的转折。

——陈毅

小人物主宰着大命运。一介马夫，忤逆霸王；一个凡人，无畏生死。你食君之禄，忠君之事，危难面前，与之同命。鸿门一宴，居功至伟。你勇，以一人之力，闯霸王之帐；你智，以犯颜之言，脱刘邦之险；你忠，

以局外之身，与沛公同命。如此之士，纵观上下五千年，与你比肩者，能有几何？

——邓昌林

剑影刀光狼烟起，拥盾闯帐斥项羽。漫漫星汉灿，英雄已逝魂未散，一座空棺；滚滚洪流奔，豪杰东去神复还，十里江山。望娇娆河川，英杰几多，此般侠道有几何？大之侠义，谓忠谓义；侠之极者，无畏无惧。拥君护主，纵使千军围，万马拥，你仍能慷慨而前。你的剑，有出鞘的道义。不卑不屈之魂，哪怕项王按剑，你犹能目眦而视。你的心，有誓守的魂。倘若无你，楚军铁骑又将踏破哪一池地，历史轮盘又指向哪一区城。

——苑正峰

历史轮转没能磨灭你的光辉；沧桑史册没有遗忘你的事迹。鸿门宴险，你处之泰然。七分勇，三分智，豪饮卮酒啖彘肩，危险伴君。猛闯帐，瞋目斥项王；下宴席，直言说沛公。虽为一介参乘，却身怀勇武、心怀智慧，进退有度、言之有理。

——陈广

你入军门带剑拥盾，置生死于不顾；你加彘肩拔剑而啖，彰显英雄气魄；你应项王咄咄逼人，更现忠心耿耿。你所为粗中有细，所言振振有理，实为壮士好汉。你有勇有谋，精于文韬武略，让人钦佩不已，你乃一介马夫，却有如此忠义与才能，让人不能小觑。

——陈科润

盾撞交戟士，瞋目视霸王。为救主，闯营帐，彰显忠良。受彘肩，驳项王，孰若尔狂？即便职位卑微，盖不住你出众才能；即便平凡身世，掩不住你狂热忠义。战乱年代给了你深邃的双眸，闪耀智慧；殷红的沙场铸就你坚挺的身躯，彰显灵动。粗犷而不失细致，英勇而不乏机智，平凡而不输气质。强大的意志，高尚的情操，铸就了你一生的不凡！

——唐新高

你，一介马夫，鸿门宴上尽显英雄本色。忠心为主，拥盾入军，置生死于不顾。不畏西楚霸王之淫威，彰显智勇。你是星辰最耀眼的那一颗星，你是蜡炬照耀古今的那一抹光。你是英雄，临危不乱，忠肝义胆；你是人物，义勇刚烈，敢于牺牲。你的一举一动诠释着勇、猛、智、义、决。

——张胜惠

滚滚长江东逝水，浪花淘尽真英雄，淘走了你的足迹，留下的是你的流芳美名。你用自己的勇力助刘邦赢得天下，你凭一己之力挽狂澜于既倒，勇猛不失智慧。定刀历十载尚可削铁如泥，英雄过千世仍能霸气长存。

——韩林成

危难之时方显英雄本色，侠义之士尽显赤胆忠心！强闯鸿门宴，立啖生彘肩。怒斥楚霸王，智救汉高主。你是一名小人物，却充满着大智慧。你就像盾，为主公挡住这乱世的血雨腥风；你亦如刀，为主公劈开这成王路上的荆棘……一项一刘一争雄，一城一王一樊哙。

——杨瀚十

闯帷帐，斥项羽，数五千年中华史，有几人无畏如你？你是尔虞我诈中那一盏明灯，点亮通向忠义的路。刀山火海视笑谈，身陷敌阵啖彘肩，一身胆气冲云天。小人物，大智慧，位卑仍具忧主心，赢得生前生后名。危难方显英雄气概，历史记住了侠之大者。

——周宏宇

樊哙，你忠、你义、你勇、你智。闻主公陷难，即带剑拥盾入虎穴，立啖彘肩而无惧，护主出龙潭，与主同命，是忠也，是义也。叱得霸王无以应，是勇也，是智也。沛公得哙，如获五千军马，十万谋士。感动中国之历史人物，哙当之无愧。

——杨榆丰

深入龙潭虎穴，只身一人，勇闯霸王营帐，把持危机场面，置生死于不顾。气概豪迈，方显英雄本色。你恰似初升的暖阳，驱赶走沛公心理的冷惧。你是海上的巨风，卷起人们心底那沉静已久的波澜，让我们时刻沸腾着、昂扬着、期待着。

——郑茜

塞马一声嘶，残星拂大旗，你虽为一介参乘，终名垂千古。带剑拥盾闯帷帐，慷慨陈词驳项王。你傲骨峥峥，不畏权贵，不卑不亢。你直视霸王，身有诸葛影、张飞骨却不争名利，不夺光耀，淹没于凡尘之中。鸿门宴上，你本可以默视不理，但秉着忠诚，冒死护主，明知此去深似海却义无反顾，你是最忠最智最勇樊哙！

——王轻松

你，一介马夫，不论时机，不虑身份，忠心为主，拥盾闯帐。在危难之时，拯沛公于水深火热之中。凶恶之态让霸王按剑而跽，犀利之语效止霸王之口，此皆显你有勇有谋，无所畏惧。饮卮酒，啖彘肩，畅所欲言，赢西楚霸王之认同，此方显你英雄气概，男儿本色。你视死如归，豪情万丈；你侠肝义胆，至忠至勇。心在，思在，无怨无悔；情在，义在，流芳百世。

——李玉欣

活动小结 本次活动是笔者首次开展的师生课堂同题PK赛,铺垫性工作是先讲颁奖词写作专题，再分析《鸿门宴》文本，结束后分析樊哙这个人物形象时，学生给我带来了惊喜。他们挖掘人物事迹到位，评价人物中肯，剖析感动点动心。

二、《林教头风雪山神庙》师生课堂PK优秀作品

题目设置 林冲提了枪，投东而去，风雪之夜，十字路口，我们相遇，我对他说……运用联想想象续写，要求想象合理，师生PK，10分钟完成。

教师作品

良臣不侍二主是一种教化而已。时代乱了，权臣当道，良民无处栖身。高衙内等一伙人已毁你家，欲夺你妻，断你前程。刺配沧州仅为前奏，害你性命是为目标。无恶不作，斩草除根，是他们的手段。身为教头，不能随遇而安、苟且偷生。要用你一身武功奋起反抗、坚持到底。三人已丧你刀下，我知你定不回头。你由此东去，联合众好汉摇旗呐喊：喊他一个地动山摇，赢得一个改朝换代。即使不成功，人们心中的豹子头必将定格在英雄的长河中。倘若成功，你定为我朝枭雄。我自不驱卿，愿君多思量。跪，定是一地凄凉；斗，定将霞光万丈。

——陈默

学生个体作品

林冲提了枪，投东而去，风雪之夜，十字路口，我和他相遇，我对他说："这位英雄，在如此风雪之夜仍向东而行，一身豪气洋洋洒洒，可是林冲林大侠吗？"林冲恁地一摔道："汝是何人？为何知吾身份？"我拱手作揖道："林大侠之名威震江湖，人人皆知。这寒冬腊月，林大侠仍这般着急赶路，是有什么急事吗？"林冲眼中一丝戒备之光一闪而过："林某人不过是赶路去远方探亲而已。"我不徐不疾，淡然回道："大侠怕是自山神庙来，去远方躲罪的吧？"林冲闻言色变，将枪提起护在身前："汝是如何得知？汝究竟为何人？莫不是高太尉叫汝来杀我？"我恭敬道："大侠莫急，我无心加害与你。这高太尉加害于你，你再是跑，也跑不过他的祸害，指一条

明路与你，那梁山水泊，虽不是普通人应去的地方，但对于林大侠这般的英雄好汉，自是再合适不过了。”林冲听了，似是在沉思，应了句：“多谢提点。”独自向那苍茫风雪中走去。

——游田甜

林冲提了枪，投东而去，风雪之夜，十字路口，我和他相遇。我对他说：“兄台，如此寒冷的风雪夜，行走艰难，且到寒舍避寒一宿，待明日再行如何？”林冲望着漆黑的前路，放下枪，说道：“既然主人家如此热心，我也无力前行，那就收纳我一宿。”林冲随我进入屋内，我将火炉上温的酒斟了两盅，又切了两斤牛肉，说道：“没有什么好酒好菜，还望兄台见谅。”林冲端着酒一饮而尽。“见壮士骨骼精奇，又擅使棍棒，眉宇间尽是武者的霸气，你可是八十万禁军教头林冲？”我道。林冲说：“正是在下。”“那为何今夜在此，将去向何方？”林冲叹了一口气，将充军缘由以及山神庙的事娓娓道来，慨叹道：“想我林冲，本是安分守己，恪尽职守，不曾与人结怨，可总遭恶人陷害，妻子遭侮，自己被充军，却仍难逃恶人魔掌。而今虽手刃仇人，但必遭缉拿，道途堪忧！”

“林教头吐露的是社会实情啊。如今这年代，百姓受恶吏欺压不敢言，一忍再忍，却屡遭迫害，只有奋力而起，给恶势力以强力一击，才能一泄心中愤恨。您的做法是正确的，可单凭您一人之力，实在太过薄弱，您应前往梁山，与仁人志士联合一道，推翻黑暗统治，才能救百姓逃离火海。”我道。主人家说的是，多谢指点，明日定投奔梁山。

——李庆

林冲提了枪，投东而去，风雪之夜，十字路口，我和他相遇。我对他说：“大侠从哪里来，又将归往何处？这等风雪之夜，大侠满身是血，是做了甚？”我双唇微抿，静静地看着他。林冲眉毛一横，双颊微紧，用粗犷的声音对我说道：“汝是何人，休要害我！”作势要将我杀掉。我双脚轻轻一踮，轻松退后十几步，微启双唇，用空灵的声音告诉他：“我已知你惨痛的遭遇，你这么做也是被逼无奈，我敬重你的为人和豪气。我此次故意在此与等候您，正是想拜你为大哥，一起行走于江湖，帮你雪耻寻仇，让你早日与家人团聚！”林冲眉宇之间渐渐松弛。但对我的警惕仍旧未消。见状，我拿出他老婆为他缝制的荷包，连同他儿子的头发递与他。他放声大哭，像孩子一样软弱无助。我仍旧镇定自若，在他身旁对他说：“你该信任我，本人虽驽，但也愿伴君左右，为大侠出一臂之力。我这样做，都是因为我对你极为钦佩。”他站起来，拍着我的肩膀道：“既然你如此真诚，我希望我们一起携手，改变这个黑暗的世界。”黑月夜，冰天雪地，两个人，四只脚印，向未知的黑暗中走去。

——唐薇薇

林冲提了枪，投东而去，风雪之夜，十字路口，我和他相遇。我对他说：“这位可是林教头？”听我唤他，林冲停下脚步，答道：“我早已不是什么教头了，且休说前日里风光，如今我已是死罪之身，又何来教头一称？”“死罪？何来死罪？”我有些惊奇，难道你已经杀了陆虞侯？“陆谦那奸贼烧了草料场欲加害于我，我却有苦不能言！这一声林教头喊出，只倍觉讽刺和凄凉，现如今哪能担教头这一称谓。”我摇摇头。原来林大侠也有如此无奈之时，我心生不忍，便劝慰道：“自古英雄多磨难，柳暗花明方见下一村，您想做什么且尽管去做吧！”他忽然仰天大笑，眼里有着闪烁晶莹：“想我林冲一世英雄，如今落得如此地步，可悲可叹啊！”笑声在雪夜里回荡，愈显得苍凉。我叹了口气，说道：“林大哥，您为何不去梁山泊？哪里有诸多英雄好汉，我想您定能寻求到出路。”他眼前一亮，仿佛顿悟了。他答道：“多谢提点！”朝东而去！

——孟璇

林冲提了枪，投东而去，风雪之夜，十字路口，我和他相遇。我对他说：“阁下可是八十万禁军教头林冲？”只见他缓缓放下手中的缨枪，应道：“不敢当，如今我已不再是什么教头，只是林冲而已。”“我是来自东京的一名商人，往昔曾得救于你。巧遇恩公，本应好好款待，但却不得不告诉恩公京中的变故。”“京中情况如何？”“哎，自您走后，高衙内日日送金银珠宝往您的岳父张教头家中，威逼利诱教头，教头一怒之下打伤了前来送礼的差役。衙内以此为故，将教头抓入监牢，日日严刑拷打。夫人不忍见父亲受此责罚，便应承下与高衙内拜堂。岂料新婚那日，夫人为保全名誉，竟喝下了毒酒不幸身亡。教头见女儿身死人手，于是血洗了高府，疯癫过去，如今下落不明。”

林冲双眼空洞无光，脸色苍白，如被萧瑟的风掠走了魂魄。半晌，才喃喃道：“世态炎凉如此，尘世有何值得留恋？倒不如上了那梁山泊，纵使落为草莽，也好过这世俗般行尸走肉。”说罢，便独自走向梁山，留下一袭凄凉萦绕在山林之间。

——唐光霞

林冲提了枪，投东而去，风雪之夜，十字路口，我和他相遇，我对他说："您这是上哪儿去呀？"林冲抬头，青丝垂在眸前，那清冷深邃的眸子不含半分柔情，相反，满是杀气，我禁不住打了一个寒战。他缓缓开口："今遭人陷害，恐怕连累他人，但准备向东而去，却不知奔往何处！""既然如此，何不上梁山？""梁山？"听到这个词，他似乎有点激动。"我堂堂八十万禁军总教头，你竟然让我上梁山去与那群贼寇同流合污，这岂不有辱我名声？"我愤然说道："你还惦记着那总教头的位置吗？如今沦落到这个地步了，还有什么机会可言呢？还有何值得留念的呢？说到乱臣贼子，梁山上那群汉子又凭何背上这等不明不白的罪名，当今朝中奸臣当道，皇帝昏庸无能，导致天下民不聊生，苦不堪言，就尔等愚忠之人害煞百姓也！""忠，固然重要，但也得看清楚，当今世道，社会动荡不安，一片混乱，只有推翻这落后的朝廷，百姓才能真正地好过啊！""若你真心为天下着想，那就应该放下你那所谓的总教头的身段，上梁山，打昏君，创造新王朝，只有这样，才是天道。"林冲那毫无生气的脸变得错愕。"为何你会有这等非凡见解？虽说你说得不无道理，不过这事儿我还是无法去践行，好了，我也不跟你唠叨了，管他之后如何呢，现在我必得逃命去也，也罢，你赶紧离开这里吧，咱们后会有期！"看着林冲匆匆离去的伟岸背影，我知道，他必将去践行我所说的，可想到他现在的一切，我的心不禁的一阵抽痛。

——罗倩

林冲提了枪，投东而去，风雪之夜，十字路口，我与他相遇，我对他说："大侠如今公身兼死罪，眼下有何打算？"林冲说："贱人欲夺我妻，又要置我于死地，如今我朝奸臣当道，我已无心效力朝廷。"大雪正在狂舞，寒意逼人战栗。我说："您有一身本领，为何不与梁山好汉结盟，推翻这腐败的朝廷，建立一个新朝廷，使百姓安居乐业？"林冲睁大了眼睛，仿佛眼前一道光："对，我要反抗，反抗压迫，我要让百姓脱离苦海，让奸人得到应有的惩罚，早已闻梁山好汉行侠仗义，为百姓打抱不平，我要与他们共同对抗这可恶的朝廷，天下之大，总有我的容身之所！"大雪渐停，曙光渐起，林冲大踏步远去……

——杨媛媛

林冲提了枪，投东而去，风雪之夜，十字路口，我与他相遇，我对他说："当日一别，数年未见，林教头英姿不凡，在下至今不忘，闻教头遭那高俅奸贼生事陷害，特赶来与教头相晤，愿于教头危困之时帮扶一二，也算得在下之荣幸，不想顷刻之间，竟又生出此等变故，高俅那厮，生生是要逼死教头方肯罢休啊，教头既曾生为统领八十万禁军的不凡人物，断不可就此遭奸人夺了性命去，何不随在下去投了那替天行道的梁山泊去，从此大碗喝酒，大块吃肉，除强扶弱，惩恶扬善，岂不快哉！”林冲应道：“足下此言，深得我心，无奈我妻室尚在东京，且有恶狼眈眈于侧，实挂心之至，若我真投奔梁山，则奈我妻何？”我宽慰他道：“教头不必忧心，我可禀明领事，遣人潜入东京，接得教头妻室来此团圆，夫妻之情，当可尽叙，教头再无后顾之忧，方可尽事梁山，长枪所指，必令奸佞肝胆俱碎，假以时日，便是高俅那厮，也或可手刃之，大丈夫生于天地，本当快意恩仇，仗剑江湖，教头，何犹豫之！”只见林冲手握长枪之掌渐紧，指尖泛白，青筋狰狞，他持枪向天一指，大喝一声：“壮哉！”

——贺娇

活动小结 本次师生课堂同题 PK 赛设题宽泛，是开放式题型，易于学生发挥想象和联想，从作品看，学生细读了文本，根据故事情节合理展开想象和联想，想象合情合理，精彩纷呈，震撼人心。

三、《荆轲刺秦王》师生课堂 PK 优秀作品

题目设置 历史对荆轲刺秦这件事评价不一，你怎么看？请根据你对《荆轲刺秦王》的理解，以“荆卿祭”为题目，师生 PK，写 400 字左右的片段，12 分钟完成。

教师作品

荆卿啊，您从卫国走来，不急不慢，不狂不躁，带着您读书击剑、慷慨侠义的个人喜好到了燕国国土之上。

历史迭变，强者自度吞并天下，弱者每念自保宗庙。您，完全可以审时度势，置身事外，明哲保身；偏逢田光推荐，太子侍奉，燕国告急。是天下时事和侠义情怀让您站在了风云争霸的风口浪尖。您以普度众生、超度苦难的情怀费尽思量、主动设计：痛杀樊於期，诚邀秦武阳，留待客与俱，购得利匕首，备办督亢图。仿佛万事俱备，一切滴水不漏。奈何太子以为迟，恐秦旦暮来。您难受质疑，难忍催促；发尽上指，易水诀别。您只身前往，入不测之强秦，斩霸气之蛟龙。此事不成，身中八创，你仍箕踞笑骂。

悠悠千载，煌煌历史，众说纷纭，莫衷一是。不管时事，不论众寡，不谈剑术，我自崇拜您英雄气概、男儿本色、侠义情怀。愿您安息于您当

年的决心、诀别、决绝。历史只属于英雄，英雄定当永存。

——陈默

学生个体作品

花开，花残，纵使转瞬即逝，但它留下了沁人心脾的味道；潮起潮落，纵使稍纵即逝，但它留下了气吞山河的气势。踏着节拍，穿越历史尘埃，与你相会，我感受着你的霸气与智慧。

你是那么意气风发，慷慨正义。为了燕国的存亡，你置个人安危于不顾，闯入不测之强秦，欲手刃秦王，明知机会甚渺，也无所畏惧。在易水送别之际，你抱着必死之决心，势单力孤，慷慨悲歌，世间便有了“风萧萧兮易水寒，壮士一去兮不复还”的绝响。你足智多谋，凭借着惊人的智慧和雄才伟略，取得秦王的信任，在手刃秦王之际，你是那么的决绝，一心一意置秦王于死地，欲以之报太子丹。虽未如你所愿，但你道出的“欲以生劫之”让人为之一震，你对那些“荆轲不足为道也”从不介怀。此时的你心中是否留有遗憾，为未能完成任务而心生愧疚呢？你为国鞠躬尽瘁、死而后已之壮志豪情已显你男儿本色，也不愧你名为“刺客”之称谓。

梦得一江春水向东流，不求醉生梦死。再娇艳的花，也躲不掉凋零的结局，再磅礴的潮汐，也避不开平静的寂寞。成败乃一步之遥，既已尽力，应无需介怀，敞开心胸，洒脱自在，你为燕国所做足矣，天地为证，日月可鉴！

——李玉欣

风萧萧而过，只留下一江滚滚易水独自搏击寒风；壮士已然决绝而去，血气方刚，侠肝义胆足以震慑古今。

国难当头，你挺身而出，将这万吨重鼎死死地、牢牢地压在自己身上。明知山有虎，偏向虎山行。你先得樊於期之首，又获天下之利匕首，随即易水高歌就车而去，你非不智，你有勇有谋，胜败兵家事，无以论英雄。

咸阳宫里，秦武阳色震恐，你却镇定自若，谈笑风生。你之勇气，可见一斑。在取得秦王信任后，你又以一腔怒火混着国仇直涌而上，你把太子灌注的信任、国民的希望和自己的信念化为一把无形的利匕首，坚定而有力地刺向秦王。可幸运之神没有偏向于你，最后，你被八创而亡。

人生自古谁无死，留取侠义照汗青。昔时人已没，千载有余情。

——杨榆丰

独立易水江畔，感受滔滔江水东流之势，倾听风的哭诉，那似一种沧桑，似一种哀怨，在我脑海中彷徨，引起无数追忆。

那一年，燕赵之地秦军压境，燕国岌岌可危；那一日，你奉命执首见秦王。为取秦王那项上人头。易水一别，背离家乡与妻儿，你的背影孤寂决然；那一刻，图穷匕首见，只叫秦王心惊胆战；那一瞬，你倚柱而笑，纵使遍体鳞伤，带着遗憾嬉笑怒骂而终，但你终得解脱，告别了硝烟与这混沌之世。

依我之见，你是怀有“国之兴亡，匹夫有责”的心志的。那日，易水江畔，渐离击筑，变徵之声飘荡在寒风之中，你收起踌躇，带着嘱托，转身，走入残阳，独留一个遥不可及的背影，渐渐隐没于水平面。

我看见，易水波涛滚滚，为壮士饯行。你最终失败了，带着美好的夙愿，逝了，可你的凌云壮志却印在我的脑海。你是败了，可你的坚毅，让我永生难忘。

寒风将我刺醒，可涛声依旧，仿佛似那梦中，我曾看见一袭白衣，一个人，一份坚毅，隐入历史洪流。其人虽已没，千载有余情。

——黄地伟

读到荆轲刺秦之时，我的灵魂似乎被重新唤醒，满腔热血忍不住沸腾了。

在大秦帝国的威势面前，你没有退缩。行刺前，你精心策划，耐心等待，可能是因为太子丹的话伤了你的心，在未准备好就出发行动，其实这里已经有败多胜少的迹象了。但你，怀着一颗报答太子丹的忠心决然而去。易水边上“萧萧哀风逝，淡淡寒波生”。对于你的行动，你深知成功的概率极小，但你从不后悔，“心知去不归，且有后世名”是你内心的真实写照。

刀起刀落间，一个伟岸的英雄就此陨落。尽管你没有成功，但你的行为堪称豪壮，后人难以企及。

《三都赋》有云：“虽无壮士节，与世亦殊伦。”你难道不是壮士吗？不，你是！为了燕国，你敢于牺牲。你也有一点“狂妄”，你不知以一人之力难以挽回狂澜，我想这也是你失败的原因之一吧！

“其人虽已没，千载有余情。”风吹过千年的尘埃，消逝的是岁月，留下的是世人对你的追忆。

——陈毅

细雨划过青雾，在易水上击起点点涟漪。看着那破碎的土地，我的心灵已被暴风卷起狂澜，久久不能平息。

事关百姓生死，事关国家存亡，你怎能视而不见。只得抓下那寒骨匕首，越千里，刺秦嬴。站在那寒水上，纵使有千言万语，你全结于心。其实你明白，更懂得。既然明白，为何还要冒险？仅仅因为诺言？不，更因为这是燕国！这里有仰仗您拯救的无辜的性命！你上路了，却不忍再回头看那残破的燕地。我等你，等你回来再来喝上一杯，但是一切都化为枉然。你倚柱而笑时，一切像是都宣告失败。不屈，还是不屈。即使临死，也箕踞而笑，蔑视暴秦。

形虽灭，神犹在。你为义捐躯的精神令我感动，如今它已化为狂澜冲刷着我灵魂上的污尘，洗涤我的灵魂。

——李元松

历史的长河不停地向前奔流，但时间也阻挡不了情感的荡漾。炭黑的画像在默默地向人们展示着一个惊心动魄的画面：荆轲刺秦王。一把淬以剧毒的匕首，一卷藏匿杀机的地图，一颗坚定不移的心搬上了秦殿上，向不可一世的秦王发起了挑战。你心知去不归，但仍英勇无畏。图穷匕首见，你左把秦王之袖，右持匕首揕之，秦王绝袖而走，你引匕首提秦王，却不中。“惜哉剑术疏，奇功遂不成。”你身负重伤，刺杀不成，但仍倚柱而笑，箕踞而骂。你死得壮烈，侠肝义胆永垂史册。

你英雄无畏，虽死犹荣！你的侠义，你的谋略，你的勇气，永载史册。历史长河仍在奔流，你的名字也永远沉淀了下来。

滚滚易河水，永记荆轲名！

——王志民

“风萧萧兮易水寒，壮士一去兮不复还。”又一次在朗读中品味一位历史风流人物。我看到了你就这样意志坚定地走进咸阳宫，来到秦王殿。也许你心里很清楚前方是什么等着你，看似一派金碧辉煌的景象，处处发出闪烁的金光，显示出一片和睦。原来，天堂和地狱只是一墙之隔呀。你踏进了大殿，带着地图，怀揣利刃，带着决心与勇气走了进去。

在你用匕首刺向秦王时，画面在我的视线中定格。你的手没有颤抖，你的心没有动摇，你的神色没有慌张。可谁知，苍天哀哀，吾等泣涕涟涟。你被夏无且的药囊击中，轻轻地倒下，你似乎早已料到刀饮血的结果。那一瞬间，燕子飞落了，花儿凋谢了，时间定格了。你便像消逝陨落的流星一般划破长天的阴暗，轻轻的落入岁月的长河中。

“物是人非事事休，欲语泪先流。”我逆流向上在易水江边，我看到你的心，“心里只有一句话，不完君之愿，哪敢与君绝。”恋人在江边柔弱的身姿映在残阳下，风吹干了她的泪与她的不舍；友人在江边为你用真心祝福；君王在江边，明白此去你的生命像秋天枯叶，随时都可能飘零。易水送别，送的是勇气，送的是决心，送的是希望，送的是豪壮。

血流干了，你倒下了，是在大殿之上，而你却在我的心中屹立。我悟到了有的人活着可你却死了，有的人死了你却活着的含义。英雄含泪归西，吾辈哀思兴叹。

——周芝夷

凝固的，是那萧瑟哀转的秋风与寒冽凄冷的易水；风化的，是那歌舞升平的秦殿与昂首执剑的壮士。

易水之畔，击筑而祭。秋风拨落细尘，易水抚直竹尺，指间流淌哀曲。荆卿，无需多语，你自然能明白我的弦间碎语……

千城逶迤，琉璃瓦破。跨步迈向秦庭——霎时，寒光乍现，刀与戈的魅影止住了我的步履。“汝为何人？”——“吾名，高渐离！”斯音响彻秦庭……

秦殿之上，绝奏一曲。荆卿，听那筑音，踏着秋风荡到彼地，也荡尽了哀愁，更荡破了生死。倒溯那流转的光阴，仍是这首哀曲，还是这袭白衣，犹是这般壮志。可为何那时，你未曾给我斟上，那最后的一盅琼汁——“好！”恶臭之声，缭乱筑音。处于绵织玉帛的洪流中的我早已明了。我所拥有的，仅仅是一方筑琴，一隅燕地，一位知己！……我的筑啊！你那灌满铅石的身躯，已然销魂奏出绝妙的音律，那就连同我的骨骼一同粉碎，为荆卿而祭。

屠刀之下，奈何失意。那项上的寒影，是苍天垂怜的泪滴，那熏瞎的双眼，已无法凝视，台前的漠然与呆滞的眼神皆因惊诧于你的勇武。来啊，荆卿，我与你，再饮一盅！

冗长之音，划破沉寂。“咔……”，刀落音寂人断魂。弥留之际，在那远地，仿佛和起了熟悉的音律：“风萧萧兮易水寒，壮士一去兮不复还……”

余音不断，绕云千转。

——苑正峰

“其立意较然，不欺其志，名垂后志，岂妄世哉。”

想当年，你也是四大刺客之一，你义勇刚烈，热肚直肠，侠士风度尽显其中。但由于历史的趋近，秦军大军压境，虽然你懂得以一人之力难以挽狂澜于既倒的道理，但你还是走上了那条不归路。临走之前，高渐离击筑，而你和而歌曰：“风萧萧兮易水寒，壮士一去兮不复还。”就连太子丹也为你送上饯行酒，可想而知，这次行刺任务是多么重要。

在秦殿上，图穷而匕首见，你麻利地拿起匕首向秦王刺去，秦王两腿发软，但还是逃掉了，你瞅准时机把匕首扔向秦王，秦王下意识一躲，匕首刺在了柱子上，这时夏无且把药箱砸向你，正中手臂，秦王也绝地反击了，把荆轲你砍伤在地。这时你站起来，说道："事所以不成者，乃欲以生劫之，必得约契以报太子也。"

也许历史上燕国的灭亡是无法避免的，但我们还是可以像你一样，在生命的最后留下一缕馨香，传递绵长。如果你不去刺秦王，那么我们读到的只能是燕国的屈辱史，与其失去最后的尊严，还不如放手一搏。

现在，我读到的是你的侠肝义胆，读到的是你的英雄气概，读到是的你的超强勇气……

——蒋钰

"风萧萧兮易水寒，壮士一去兮不复还。"荆轲已经下定决心去刺杀秦王，即使为国牺牲，也不后悔。你勇敢机智，面对狡猾残忍的秦王，你不退缩，而且还帮助秦武阳消除秦王和大臣们对你的怀疑。你在被秦王抓住后不但没有向秦王屈服，还吼出了"事所以不成者，乃欲生劫之，必得约契以报太子也"的狂言。你与秦王过招时从不放弃，你尽自己最大努力刺杀秦王；这足以体现你作为一名刺客对国家的忠心。

如今，你虽然已经远离了我们，壮烈的去天国了，但你那顽强不屈、淡定自若的精神依然留在我心中；你对国家的忠贞和热爱更值得我们学习和珍视。

你，立志做一名刺客，被人们所知晓的刺客。如今，你的任务完成了，也为自己的刺客事业画上了浓墨重彩的一笔。但你是光荣的，因为你是一名值得被赞扬的刺客，一名值得尊重的刺客。

——丁家飞

活动小结　本次师生课堂同题 PK 赛设题考察了学生的审美价值观，他们在有人批判荆轲的情况下，高度赞扬了荆轲，认为其具有爱国之心、壮士情怀。他们对失败的原因归结多样，但对英雄的仰慕都是一样的。

四、《琵琶行》师生课堂 PK 优秀作品

题目设置　读罢《琵琶行》，我们有感于白居易和琵琶女的"相逢诉衷情"，我们一样沉醉于二人的才情，让我们用或诗句或对联或散文的形式书写一段《琵琶行》悟语，师生 PK，6 分钟完成。

教师作品

《琵琶行》悟语

闻声相逢属偶然，泣下同哀因琵琶。秋风秋雨数秋心，江风江月入江

情。你们书写了才子和才女最简单的相见，一曲琵琶声打动了你们自己也沉浸了众生，一首《琵琶行》是你们心与心的呼应，也传唱了千年。同为天涯沦落人，同书世间相惜情。才子无出处，才女忘娇羞。有你们相逢，主客无角色，物我两相忘；有你们共鸣，月色自黯然，座中唯泣声。

——陈默

小组作品

秋月夜

——读《琵琶行》有感

天上明月依旧在，唯有佳人容颜改。
昔日引得秋娘妒，今朝委身商贾妇。
琴声绵延和船出，月华如霜透窗入。
一曲琵琶遇知音，两人沦落同不幸。
同不幸人起共鸣，幽幽苦心照水清。
弦音凄婉众人愁，司马青衫湿凉秋。

——黄文奕、李志晖、孙嘉文、陈新亮、刘威、李杨

《琵琶行》短引

瑟瑟江头夜送客，茫茫离时惨将别。
水上琵琶引人胜，移船相邀赏琴声。
红颜苦女诉身世，感慨良多又唧唧。
同病相怜沦落人，江心明月相怜惜。
若君更坐弹一曲，司马青衫为君湿。

——骆世杰、杨静

学生个体作品

有感《琵琶行》

琵琶弦起，琴声瑟瑟。
红颜易老，知音难求。
悲婉诉请，泪沾我衣。
乐天忆往，痛湿青衫。

——吴大伟

《琵琶行》对联

琵琶女琴音声传十里而流离半生，舫内凄凄诉哀情。
白文公才情名噪天下也谪迁数载，舟中哀哀湿青衫。

——潘悦越

《琵琶行》悟

最是凄凉惆怅时，他乡觅得知音人。
为君弹奏琵琶曲，一曲终了诉愁肠。
同为天涯沦落人，深知心中苦恨事。
世人有泪不轻弹，只因未到伤心处。

——李曦

活动小结 本次师生课堂同题 PK 赛设题属于选择类型，便于学生发挥。或诗句或对联或散文的形式各有精彩呈现，恰恰反映了学生的积淀侧重各有不同。成果展示有小组集体成果、有学生个人成果，充分体现了各美其美、美美共生。

检验路径——依据规律，拓展实践

理论认知是不断摸索从实践中总结而来的，它应该反作用于实践活动，指导实践活动。经过总结，笔者总结得出高中古诗文教学中的美育实施操作路径是：挖掘美—认同美—品味美—创造美，并据此推广到课外篇目，尝试实施验证。操作如下文：

美教美学，美美共生

——《将进酒》美育实施设计（课外拓展篇）

《将进酒》是李白以汉乐府体创作而成。该诗是李白的代表作，情感跌宕起伏，将诗人的复杂情感通过“酒”倾泻而出。该诗以“劝酒”为题目，以“酒兴”变化为内容。学生预习后容易理解，同时也对李白的“诗酒人生”产生了浓厚兴趣，是美育实施的好素材。为此，本堂教学做了以下设计：

挖掘共赏——闻酒香，入酒诗

挖掘就是发现，呈现就是展示，共赏就是认同，过程就是审美。挖掘共赏分三步完成。

挖掘美育因素。古诗文中的美育因素包括典型地理环境、美好自然景物、人伦纲常因素、情爱婚恋因素、崇德修身因素、文化精神内涵、独特意象、言外之意。笔者引导学生采取生挖掘、师挖掘、生生合作挖掘、师生合作挖掘的方式去挖掘本诗中的独特意象。

师：本诗中最值得关注的独特意象是什么？

生 1：杯！

生 2：酒！

生 3：最值得关注的是“酒”，原文出现了 4 次；“杯”仅出现 2 次；而且“杯”因饮酒而生，无“酒”不需“杯”，本诗也因“酒”表心声。（其余同学认同）

呈现美育因素。师生继续深挖掘李白诗歌中的相关诗句。

师：古时的酒家都爱挂上“太白遗风”“太白世家”的招牌招徕顾客，可见李白与酒密不可分，李白与酒的诗句还有哪些？

生 1：两人对酌山花开，一杯一杯复一杯。《山中与幽人对酌》

师：且乐生前一杯酒，何须身后千载名？《行路难》

生 2：今夕不尽杯，留欢更邀谁。《宴郑参卿山池》

师：花间一壶酒，独酌无相亲。举杯邀明月，对影成三人。《月下独酌》

生 3：兰陵美酒郁金香，玉碗盛来琥珀光。《客中行》

生 4：抽刀断水水更流，举杯消愁愁更愁。《宣州谢朓楼饯别校书叔云》

认同美育因素。教师引导学生一起回忆归纳酒之于李白的意义：是“酒”串起了李白的一生，他嗜酒如命，余光中在《寻李白》中说李白“酒入豪肠，七分酿成了月光，剩下的三分啸成剑气，绣口一吐，就是半个盛唐”。李白之死也因“醉酒”抱明月而长终；是“酒”成就了李白“斗酒诗百篇”的美名，杜甫在《饮中八仙歌》中描述李白“李白斗酒诗百篇，长安市上酒家眠；天子呼来不上船，自称臣是酒中仙”；因“酒”，他狂放不羁，仙风道骨，绽放成盛唐的一朵奇葩。

入情入境——悟酒情，入境场

在教学过程中实施美育，必须“变传统的唯智育的课堂教学活动为认知、情感、意志互动的求真、向善、创美的全面教育活动”，为此，教学活动的开展应当做到集体参与、品鉴入情、游戏入境，过程即美育。

品鉴分析入诗情。师生通过对文本的解读品鉴，弄清作者的情感，把握诗歌主题。

师：在你的印象中，读李白诗你感悟到他最突出的性格特征是什么？

生 1：狂！（其他学生附和）

师：《将进酒》中有没有体现？

生 2：有！

师：找出诗句进行分析，并举出李白“诗酒人生”中其他相类似的例子来佐证这种“狂”。

生 3：烹羊宰牛且为乐，会须一饮三百杯。这两句诗就是及时行乐之狂，与“且乐生前一杯酒，何须身后千载名”表达的意思相同。

生 4：岑夫子，丹丘生。将进酒，杯莫停。这两句表现李白反客为主，率真忘我之狂。恰如李白奉召入京，供奉翰林时的“龙巾试吐，御手调羹，贵妃捧砚，力士脱靴”般不分场合、忘却身份、无拘无束之狂。

生 5：主人何为言少钱，径须沽取对君酌。五花马，千金裘，呼儿将出换美酒。这几句写李白图一醉方休之狂。诗人竟然忘了他和岑勋都是到元丹丘这里来做客的。“呼儿”“与尔”口气甚大；高踞一席，颐指气使，将宾作主的任诞狂放一览无余，诚如他仗剑去国，辞亲远游。

师：除此之外，本诗还有哪种情感贯穿始终？

生 1：愁！

师：找出相关诗句作分析，结合背景阐述原因。

生 2：君不见高堂明镜悲白发，朝如青丝暮成雪，是感叹时光易逝之愁。李白的人生理想是“拯社稷，救苍生”，然而写作此诗时是他被放还后的第八年，他仍功业未就。

生 3：与尔同销万古愁，是李白怀才不遇之愁，和封建社会大多数人才的命运一致，诚如“大道如青天，我独不得出”。

师：李白在本诗中体现“狂”与“愁”的交织，这与他一生“儒”“道”兼修的个人修养有高度的融合，儒家思想让他追求建功立业；道家思想让他追求绝对自由、遗世独立。

师生游戏入境场。对诗歌最深刻的理解是还原课本原型，通过师生游戏进入诗歌境场，本诗也是矛盾心理下的产物。本诗情感除“狂”“愁”外，还有“乐”与“愤”；要深度理解这些情感，我们开展了“摆宴饮酒诵诗”活动，三名男生分别充当李白、岑勋和元丹丘，一名女生伴奏古筝曲《高山流水》，由充当“李白”的男生表演朗诵本诗。体现李白的“狂”“愁”“乐”“愤”，师生在境场中感悟欣赏、评价完善。

立美创造——借酒诗，书诫语

让每一个学生抓住每一个创造的瞬间，在做中感悟，在做中提升，在做中塑造。教师根据文本内容，合理而宽泛地设题让学生悟文本、创经典，最终达到安顿自己的灵魂、创造立美的目的。

师：酒是引子，才会有“痛饮狂歌空度日，飞扬跋扈为谁雄？”的呐喊；愁是血液，一曲《将进酒》，道出了历代怀才不遇、壮志未酬的有识之士的万古难解之愁；狂是脊梁，“狂到世人皆欲杀，醉来天子不能呼”，他的狂，穿越几千年历史的阴霾，熠熠生辉，让今天的我们也为之折服。我们应当劝诫那个特立独行的李白少些“愁”绪，多些“狂”劲，做那个名副其实的、狂放不羁的李白，沉醉诗情、忘忧自在、特立独行、不谈政治。师生均以“与太白先祖书”为题，同题、同时、同 PK，5 分钟内完成 200 字左右的给李白的书信。

师生：创作。（5 分钟后分小组展示，每组 6 人，每组选 1 篇最好的展

示，教师单独成1组）

与太白先祖书（学生展示）

太白先祖：

展信佳！读罢《将进酒》，久久不能平静。依我对您的了解，您不屑为官为吏，您可以高呼“仰天大笑出门去，我辈岂是蓬蒿人”。您狂放不羁震惊我等后生晚辈，望您不改初心，望您无愁无愤，望您专心诗作。外界若有扰，您大可骑鹿再访名山去。

最后，愿您做一个名副其实的狂放浪漫诗人，何需功名？何需愤懑？守住诗才，影响吾辈！

此致！

敬礼！

晚辈：晨曦

2016年6月20日

与太白先祖书（教师展示）

太白先祖：

见信如晤！

闻祖近来豪放难掩愁情，您乃“冠盖满京华”的谪仙人，怎奈遭遇“独憔悴”的不公待遇。如今您寄愁情于杜康，托悲情于山水。悲哉!哀哉！

祖之遭遇乃政界之不幸，但于诗文界乃大幸。“玉盘珍馐”本就非您所逐，“钟鼓馔玉”也非您所求。愿叔舍之、弃之！“碧溪垂钓”“散发弄舟”“骑鹿访名山”，望您坚持您的特性，人生自会是另一番自在，望您逐之、求之！

祝巍巍之山引来好运，万古之愁被雁衔去！

此致！

敬礼！

后生：默

2016年6月20日

学生美丽
原创古体词作——自由创作，与师对话

让学生创作的首要方法是让他们尝试打开古体诗的创作之门，要求不宜过于严苛，让他们在自由的状态下随意挥洒。只有自由，才有灵感；拥有灵感，才能写出好文章。自由创作给学生一个倾诉的空间，给学生抒发最真挚感情的自由，让学生不再隐瞒自己的真挚情感。尝试原创古体词作，学生能够抓住学习生活中的积淀，努力奋起，坚持创造词作，词作中充满了爱恨情仇、赞美、回忆与祝福。笔者设计这个活动的思考如下文。

打开古诗创作之门的思与悟

上育在育心

教学的终极理想之一是养育学生的文化人格，而重点在“育”。中医学里有一种通俗原理：“上医医心，中医医人，下医医病。”同理，在教学中上育育心，中育育人，下育知识；但三者又密不可分，相互统一，相互促进。育心的方法重点在于激活学生的兴趣，挖掘学生的潜能。中国是诗的国度，诗歌是文学之母。诗人凭借一颗“诗心”丰富自己的精神人格，影响后人。诗之于文化传承、人格的丰富和完善无以替代。中华民族最辉煌的文化是唐诗。大多数高中学生的积淀和基础决定他们可以尝试创作古体诗。因此，作为语文教师，作为育心、育人的基本手段我们得教会学生学习诗歌创作。但现代诗歌创作处于无检测、无评价的尴尬境地，激活学生的“诗心”，让他们去打开诗歌的创作之门并顺门而行，传承文化，丰富人格，重点在“育”心。

育发现之心，育欣赏之心、育学习之心是激发学生学习诗歌创作兴趣的开端。发现、欣赏、学习源于对经典的感知、演唱或朗诵、品读。教师顺势引导学生了解古体诗的概念和特点，并强调其最重要的特点——想象。

生活是诗源

别林斯基说：“用脑子去感受艺术，而没有心灵的参与，而这，几乎比用脚去理解艺术还更坏。”它启发我们应该用燃烧的激情去感受生活、捕捉美、形成艺术。生活是一个大厨房，里面堆满了柴、米、油、盐、酱、醋、茶。走进这个大厨房，觅寻点点滴滴，包括故事和心情，当知识和教养压制不住灵魂的冲动时，便会在这个厨房煮故事、煮心情，煮出一个鲜活的自己，也煮出生活世相，人生百味，这就是诗人；诗人的创作源泉在生活。对于教师来说，重要的是引导学生发现生活点滴，并用笔写出新意、哲理和诗味。

意象在学习生活中积累。原创古体诗第一环节——收罗形象，捕象蓄势。捕捉意象，引导学生观察记忆物象，用多媒体展示与课本内容相关的物象，让学生走进生活进行观察，让学生储蓄审美直观形象。能够实现审美叠加和联想想象。关注立意，一是解意，对古诗文中的意向进行归类总结，按照“意同象异”“象同意异”进行总结。如：“梧桐更兼细雨”和“杜鹃啼血猿哀鸣”中的“梧桐”“细雨”“杜鹃”“猿”四个不同意象均表达凄凉忧伤之意；“杨柳岸晓风残月”“春花秋月何时了”“冷月无声”中的“月”分别表达寂寞凄凉、韶华易逝、物是人非之意。二是储意，对于特殊意象的含义进行归纳总结，便于学生掌握运用。

【案例分享 1】

意象寓意歌

松梅竹菊高洁意，月雁来把相思寄；
鹧鸪猿鸣声凄凄，梧桐叶落透悲意；
长亭杨柳离依依，落花流水传愁绪；
乌鸦燕子兴亡系，草木仍在人事移。

学生学习生活中的物象真的成了诗歌创作的素材，学生相信：人生时时有诗意，生活处处是诗歌。

教学体现诗教色彩。古体诗歌创作第二、三环节：运用修辞，创造意境（意境创造靠寓情于景，寓情于景的手段靠艺术技巧，重点关注修辞）和雕琢语言，突显诗味（惜字如金，巧组意象，巧用修辞）。

人生有品位

马斯洛在需要层次论中明确提出：“人有自我实现的需要。”在教学中，要找到合理的切入点，让学生能够积极参与进来，真正成为课堂的主人，学生的参与态度、参与方式、参与质量等都决定着教学的质量和效率。我尝试从以下几个方面来刺激学生表达、交流和出彩。师生独创，各美其美。

提前将全班每6个人分为1个小组，教师单独成一组。写一写（师生都写，5分钟完成），坚持“三同”原则，即同题、同时、同要求，所谓同要求即小组规模大体一致，各设一名组长，成员男女搭配，各组平均水平基本相当，角色包括主笔、修改者、成果发布人等。合作互促，美美共生。选一选（每小组选一首最好的，2分钟完成），改一改（组内同学商议修改最好的那一首，2分钟完成），交叉使用个人创作、小组创作的方式进行创作，达到既培养学生的创作能力，又激发其创作兴趣的目的。秀一秀（小组内推举一名最具表现力的同学朗诵作品），为了激发学生参与创作的热情，重要的手段是及时交流成果，教师充分肯定他们的成绩，关照他们渴望获得名誉、赏识、高度评价的心理，他们写作的原动力才有可能不减。因此，我要求每组推荐一首全组合力修改的作品并让小组成员代表在全班大声诵读所选作品，让学生有被认可的感觉，以激发其做得更好的愿望。教师也要展示自己的作品，通过师生PK，进一步激活课堂氛围。个个出彩，美丽人生。议一议（师生评选最美诗作、最佳朗诵者），因为每首诗作作者不唯一，凝聚着全组学生的心血和汗水，学生在写、比、改、诵的过程中人人出彩，丰富而美丽。下课后，收齐全班同学的作品，并修改、整理优秀作品，表扬优秀创作者，对于最优作品，教师帮忙推荐发表，未发表优秀作品整理成班级诗集，涵盖作品、作者署名和教师评语，以此来保护学生的诗心，以此来点燃学生的创作激情，让学生拥有“诗心”，人生品位有所提升。教师赠语《写诗的人》：赌书泼墨道寻常/俊茂诗心文乃香/汝辈风流赛北斗/飞鸿远音震天罡。

学生个体作品

水调歌头·少年游

杨仕明

溯幼时痴枉，游年少轻钎，不知凿壁心无殇，偷了谁家光，夙夕不数随盏，一苦十年窗，为星守黎亮，半生浮名思量，办中徒虚悯。书山宕学海浪，漫漫长，莫道涟？阻闯，须知路坦荡，愿效滴水伴徜，婵媛俚歌绕梁，回眸等谁惆怅，三百里雨漾，八千尺情长。

陈默点评 少时意气，努力坚守，怎管路途颠簸与坦荡。不忘初心，方得始终。一个敢于为自己梦想而努力前行的少年跃然纸上。作品少了少年的娇气，多了斗士的霸气、豪气和勇气。读罢少年游，斗志上心头。

菩萨蛮·随记

周婧婷

淡看流萤雁南飞，寻得故人掩柴扉。伤柳话别离，满月冷思忆。年年景相识，岁岁人语异。人面却轮回，宛若旧时归。

陈默点评 于平凡中见新奇，于故事中掘新意，意象惯常，却写出了哲思和禅意。寥寥几笔勾画出无限诗意。

秋

周婧婷

秋蝉离歌花难挽，西塔星落逆风畔。
风轻云淡日光晚，山高水长艳阳天。

陈默点评 有自然生活的细致写照，也有“我言秋日胜春朝”之意；前三句自然景物描写细致入微，末句情在景中。

中秋

唐爽

又是一年挂玉盘，青霜裹露遍地寒。
独酌无伴余孤影，拜月焚香祭紫檀。

陈默点评 中秋月圆之夜，寒霜凉人，作者独酌无人相伴，于是“拜月焚香祭紫檀”聊以自慰，祭时该有何祈祷，让读者有无限遐思。

咏白海棠

唐爽

穷极无赖出家门，觅得白玉棠轻揾。
花色皎皎牵鬼魄，暗香幽幽惹人魂。
清雾信裹月下霜，白露悄落叶上痕。
一夜流光无虚度，抬眼霞露又晨昏。

陈默点评 在逆境之中寻觅生活之趣，手到之处、眼触之处尽是美；嗅到花之香气，悟到花之仙气，染上花之灵气；人花互动，浑然一体。时光在互动中结束，互动在时光里升华。一个有趣之人碰上一种有意之花，可歌可咏。

潇湘曲

唐爽

拨素琴，拨素琴，
引歌名曲绕梁音。
笔下墨痕书成趣，
清香不尽对月吟。

陈默点评 转轴拨弦自沉浸，名曲余音绕梁存，墨痕清香吟不尽，清辉月下有孤影。于生活发现，咏生活之趣，在寂静清幽中寻觅心灵归属地。看似潇湘曲，实乃人生意。

无题

唐爽

满月秋枫着红妆，枫着红妆伊人旁。
伊人傍着孤灯立，孤灯引得清风荡。
清风荡来思成双，相思成双青丝扬。
青丝扬罢旧人留，旧人留满目秋殇。

陈默点评 无题之思思无尽，思绪绵绵恼闷人。红妆清风相思荡，满月秋枫青丝扬。思人泪成双，何人唱秋殇？秋殇为何生？何人生秋殇？吟罢愁断肠。

采莲

唐爽

菡萏莲碧荷连天，碧荷连天接两岸。
接两岸满塘香漫，满塘香漫伊人前。
伊人前风共缱绻，风共缱绻艳无边。
艳无边任君来撷，任君来撷菡萏莲。

陈默点评 美景接碧天，佳人唤采莲，莲叶共风舞，舞后意缱绻。诗情画意何处寻，细觅又一采莲曲。这花是田田的，这佳人是有风姿的，君来采撷尽可随意些、开放些、大胆些，这是一幅浓烈热情的画卷，这是一首值得吟唱的词曲。

趣

唐爽

挑灯花人笑，人笑红枫傲。
傲风红笑人，笑人花灯挑。

陈默点评 扑朔迷离的情愫在灯、花、人之间闪闪烁烁，灯、花、红枫、佳人究竟是谁在笑，不确定，依然永存、同在！

十六字令

唐爽

闲

闲。独倚斜栏与月眠，流萤舞，夜半赏幽兰。

琴

琴。纤指拨弦乐自新，千秋曲，煞似绕梁音。

茶

茶。新叶壶中细细撒，怀留香，闲适品茗佳。

花

花。幽艳芳绝四季发，洁身好，开心玉无瑕。

陈默点评 闲、琴、茶、花含幽雅，生活处处惊讶；余闲无须打发，诗咏闲情优雅！

倒春寒

黄文奕

冰润初化枝吐芽，万里寒风又南下。
写信试问君家院，旧树是否落新花。

陈默点评 一枝嫩芽来报春，寒风来逼真扫兴。我家获得如此意，你家春树还有花？

秋

唐爽

日暮远山映江畔，风过碧水变光淡。
枫叶烧尽霜林晚，落霞云锦从中断。
中霄月凝白露染，夜半星聚金菊寒。

萧萧木叶逐流水，鸿鸟南归过长安。

陈默点评　托情日暮、远山、清风、碧水、红枫、晚霞、锦云、白霜、金菊、冷月，秋意独自欣赏，秋心独自隐藏，眼前风物含情，胸中沟壑横生。

花间意

唐爽

月下美人水寒潭，姹紫嫣红流光揽。
凝尖清露翠欲滴，萦回晓雾羞却含。
落墨易绘瓣千叠，提笔巧书香漫漫。
清歌一曲酒一壶，不抵花间意一般。

陈默点评　花间之意，心中之意；缠绵悱恻，独具魅力；清婉逼人，横生妙趣！

梅

唐爽

依依明月光，相映染寒霜。
清风欺香雪，拈作梅花妆。

陈默点评　明月染寒霜，香雪梅花妆。雪花和梅花，相与为媚妆。偶得此妙理，歌之话梅爽！

早春

潘悦越

雾沉露重睡意浅，枝含根蓄叶缱绻。
琅琅书声窗下起，一点春意降人间。

陈默点评　露重人早起，枝叶未散发。书童早耕耘，春意来问安。慧眼识变化，欣喜早生发！

点绛唇

聂小凡

春色流芳，春衫粉浅飞花缀。佳期幸会，买个良辰贵。眼里西施，梦里貂蝉媚。微抿嘴，丁香玉贝，谈吐芝兰醉。

陈默点评　一派春光美，处处盼相随。境界华美，优雅韵味。春色春衫良辰美，西施貂蝉芝兰醉。好个微抿嘴，谁解其中俏皮滋味？

点绛唇

谢鑫玮

夜色流波，梧桐树下相思令。暗香残影，依洄梦初病。无寐深窗，痴恋旧时景。那时雨，魂断深寂，蝶戏黄花径。

陈默点评 患相思，思无尽。何处无病心，夜色中，梧桐下，深窗里，黄花径淋漓尽致均是病，哪管夜断魂，不散不淡总恼人。

点绛唇

田甜

松墨初上，熏风满帘桂枝香。落木素窗，满街红不扫。无意相叹，衰柳锁过往，醉晨暮，幽幽灵灯，恰似梦中殇。

陈默点评 “上”“满”“扫”“叹”“过”“往”等字令词处处透出灵气，读者的眼睛随着这几字而动，心随着这几字而转，我们在寻找这几字背后的画面，久久不能自拔。

一剪梅

吴逢林

青鸾涅槃百度生。凤唳九天，惊鸿火舞。浮华忘川南柯梦，年华易逝，流水引渡。次第花开粉泪簌。花残叶暮，月影清孤。流年荏苒花期故，孤雁南飞，声断江浦。

陈默点评 一种年华易逝的感伤，一种落花凋零的叹惋，一种引发哀思的人生自在其中，诗人不断写外景，却也不断抒内情。

一剪梅

唐玉婷

沧海漫道蹄声碎，残枝落梢，珠帘碧翠。玉荷雕栏长亭处，不见浅笑，不见葳蕤。空月清心独相望，抚眉唏嘘，红烛泪褪。香园倩影青丝卷，芙蓉玉面，流连尽醉。

陈默点评 刚中带柔，柔中有刚，刚柔并济，相得益彰。一个流连忘返的倩影，一首抚心的心曲，一抔潜藏秘密引人遐想的青丝卷。

一剪梅

曾帅

江天一色轮皎月，谁家今夜，莹月镜收。镜台梳妆愁思露，帘卷西风，忆昔豆蔻。玉陨香减空自流，岁月难留，银丝泛忧。惊蓦然方自皓首，黄花已瘦，暗香空幽。

陈默点评 景中含情，情中有景，情景相融；眼光独到，用语精到，有一种婉约之美，泛出一丝清愁；细品时人白头，香自幽。

浣溪沙

李德顺

提笔九转惊岳水，风起墨舞镇凤山。目极长空望断月，风云乱。六轮金乌裂苍穹，谁道英雄不少年？仗剑人生君莫笑，休清欢。

陈默点评 该词藏字寓意，所处凤山词中现，豪气干云，雄情壮志在胸。词人言志，志向英气逼人。斯少年，必成器。

浣溪沙

唐航

起笔相思落笔愁，霜华满地浸寒楼。无边月影坠纱钩，月悠悠。书香难温千载意，拈花还叹眉双秋。唱罢一曲任去留，语欲休。

陈默点评：眉双秋，是心愁；唱一曲，任去留；语欲休，心含愁；抬望眼，月悠悠，诗意在心头。全诗浑然天成，毫无雕琢痕迹。

活动小结 原创古体词作，是一种大胆的尝试，或许在严格意义上讲有些作品不能叫古体词作。但这种方式让学生在苦闷中找到了欢乐，在孤独中找到了伴侣，让本来认为生活单调乏味的学子努力观察生活的点点滴滴，创造出彩，人生美丽。

筛留班级博文——巧借平台，悄然绽放

建立班级博客的初衷是为了铭记我和学生相处的点点滴滴，为了见证我所教的每一个孩子的成长经历。我的班级博客命名都是以班级序号累叠而成，有班级序号是为了让大家牢记这个集体。在博客里，有我所教的每个班级的学生的全家福，让师生都有归宿感。把博客告知全体家长，让每位家长都见证孩子的成长，欣赏孩子的成功。把博客告诉每位同班教师搭档，让他们通过这个平台，展示每个学生的思维成果、创作成果和发展能力。同样，通过这个平台展示同班教育同仁的教育方法、教育思想、教育成果和教育愿景。通过这个平台，见证师生相处的日子，转动师生在一起的全部。后来，我借助这个平台将古诗文教学中师生利用古诗文素材创造的佳作进行了全方位展示。

学生用古诗文素材创造的佳作：

历史的慰藉

刘姝余

在命运的转角处，谁又沧桑了你的眼？在岁月的渡口，谁又载走了一江春愁？在历史的悠悠之口，谁又将传奇颠覆？

老去了的石像，雕刻着这个朝代的终场。你独倚玉栏，黯然落泪。无限江山，别时容易见时难。昨日的穷奢极侈，今日的落魄不堪。月明依旧，只是圆月成了半钩。

依稀是旧事上苑，南唐月明如镜，佳人歌笑如风。只是梦境，却将亡国恨显得分明，往事成空。戏曲里倾塌的城墙，历史还原的真相。你亡了国，结束了一个朝代，让它栖身在历史的某个角落。

如果说你的政绩是一张空白的纸，那么你的辞章便是那盛开的花，开的红艳，开的热烈，芳香四溢。“梦里不知身是客，一晌贪欢”，我似乎看到你半掩珠帘，独倚玉栏，独忆旧国往事。“多少恨，昨日梦魂中，还似旧时游上苑，车如流水马如龙，花月正春风”是回忆太美丽，还是舍不得忘记，又如何书写那亡国的苦痛？“世事漫随流水，算来一梦浮生”人生的幡然醒悟，阐释了浮生如梦。

历史不知，南唐灭亡之时，属于李煜的时代才刚刚开始。

在生命的最后时期，他的词达到了登峰造极的地步，不饰雕琢，浑然天成，可谓信手拈来、妙手偶得。至于其诗句的清丽，音韵的和谐，那更是空前绝后。

渐渐地，我们都随他步入虚空之中，仿佛置身于滔滔的河流之中，不再拘泥一人一事的得失；不再流连一日一年的情绪；不再执迷于一生一世的遭际。回首处，心已行过万重山。

黑色的披肩上，流淌着华夏历史，墨色的眼深深凝望，史册描写了谁的风光？而你的辉煌藏匿于词中，像一首被传唱的歌谣，经久不衰。

历史便是这样，在不经意间滑走了丝丝记忆，而你写下的诗章，却依旧熠熠闪光。

此刻，让我们忘掉你的亡国之殇，此时的你不再是南唐后主，而是一位绝代词人，留下的篇篇诗章便是对历史最大的慰藉。

人生漫长，褪色的旧画已被收藏，下一段历史将由谁去书写，又慰藉谁的心房？

陈默点评 本文所选素材是实验教科书第四册第二单元课后教师推荐给学生阅读的《虞美人》的作者李煜的人生遭际，作者抓住了亡国之君和绝代词人这两种身份对李煜的素材进行了深挖掘，文章串联了李煜的一生，认识深刻，情感真挚。

君不见，我念君时君已逝

贺娇

仰望着容颜依旧的夜空，心绪却辗转了千年，被一缕淡淡的酒香引渡到了大唐的夜空之下，我看到，一缕清风裹带着深沉的寂寞划过星空，坠落在你眼前的金樽之中，你微不可察地蹙了眉头，但转瞬又归于平静，如同酒杯中被清风激起的涟漪，了过无痕。你高举酒杯，大笑，高歌，浅吟，低唱，一个人在夜的大背景下淋漓尽致地演绎一场独角舞，披着热烈的鲜红的舞衣，摇曳出的却是深切的寂寞与哀伤。即便酒杯连着岑夫子的酒杯，即便青衫依着丹丘生的青衫，但他们终是品不出你的忧愁，看不透你放纵下的内心，他们不是匆匆的过客，是你的挚友，填补了你酒宴上的席位，却填补不了你内心的空洞。

你无奈地抬首，却不经意瞥见了深邃的夜空，皓月千里，浮光跃金，清影飘忽，暗香浮动，悠悠然如梦如幻。月影倾泻至杯中，酒与月水乳交融。升腾起袅袅清香，唤起了你心底的豪迈慷慨。“人生得意须尽欢，莫使金樽空对月。”于是，你掬一捧黄河之水，酿一曲对酒当歌，揽一把清风明月，叹一声人生几何。你轻掸衣袖，手执墨笔，飞龙走蛇，于尺素之间，造就了一番光彩褶遮熠熠，美酒涌入心底，模糊了愁绪，淡化了悲欢，即便是生死的界限也不再那么泾渭分明了，于是笔下的世界也是一片浑然天成，没有精雕细琢的华美，只有自然的跌宕起伏，有惊涛拍岸的壮阔，有悬泉飞漱的瑰丽，也有小泉潺潺的低回，甚至有青松灌木，细柳直杨相伴左右。

我似乎嗅到了淡淡的酒香，是的，你的诗中有酒香，酒中有诗意。酒，晕开了墨的胸怀；墨，搅开了酒的醇香。这香跨越千年的距离，牵引着我走向你身畔，这月流转千年的时光，与你相拥而眠。我望着月，念着你，恍惚之间，似有滔滔黄河之水自天上奔涌而来。

陈默点评 作者对李白的思是深沉的，连着他的酒、他的酒杯、他的诗、他的墨。作者对李白的念是细致的，念他的醉态、他的诗风和他的朋友。全文弥漫的是跨越千年的思念，读者观作者和李白的交流仿佛是看一场灵魂和灵魂的对话。

风华是一指流砂

邓淳伊

岁月总是在唐突世事中浮动，窗外风雨，帘内笙歌，时光被磨成青灰，旧色覆盖。沉淀出它那芳华绝代、令人动容的美。

当时，只道是寻常

“人人争唱饮水词，纳兰心事几人知。”一句话便道破了纳兰的寂寞。出身帝王世家，身世优越，衣食无忧，但却生了一副柔情万种的性子。他的感情充沛，他喜爱过他的绝色表妹，却娶了卢氏雨蝉，他的红颜是怀了他遗腹子的江南女子沈宛。“人生若只如初见，何事秋风悲画扇。”他感叹道，当时他的心中还是牵挂着他的绝色表妹，但他没有意识到应当怜惜眼前人。他对他的妻子卢雨蝉一直都很淡漠，只因她是他的父亲给他取的妻子，容若怎能释怀他渴望自由恋爱的人，便负了雨蝉。可当卢雨蝉逝世之后，他才明白自己对她的情感。在之后，纳兰写下无数篇哀悼亡妻的作品，可毕竟，人生并不如初见。当时雨蝉披着外衣在门口等容若归来，为他煮茶，都不过寻常，但后来都不能再拥有了。

我曾拥有你，想到就心酸。

史册温柔，下笔都太狠

“七月七日长生殿，夜半无人私语时。”他们的爱情也令我深深地动容。杨玉环，她美，美得“天生丽质难自弃”。她媚，媚得“回眸一笑百媚生”。唐玄宗，一代明主，英雄才略过人。自古英雄美人终相误，他们也没能躲过命运的安排。玉环在私下总爱唤唐玄宗为三郎，他们就像寻常夫妻一样，可毕竟身不由己。安禄山的谋反是情理之中但也是预料之外的。但众人却把矛头指向杨玉环，一个弱女子，能做什么，说什么红颜祸水，不过说辞。“玉环，我终还是误了你。三郎，我并不觉得被误，只望三军齐发，护你早日回长安。”若人生如初见多好，他仍是他的旷世名主，她仍是她的绝代佳人，江山美人两不侵。玉环不知，是以长恨。骊山私语清宵半，夜雨霖铃终不怨，何如薄幸锦衣郎，比翼连枝当日愿。

我们曾相爱，想到就心酸。

最后，谁又得到了蒹葭

“至今思项羽，不肯过江东。”项羽垓下兵败，自刎乌江，让一代西楚霸王的传说不再。虞姬在项羽身边，成就了一个英雄美人的传奇，当四面楚歌时，兵心大乱，但虞姬仍在帐中与项羽谈天说地。项羽，你知道我这一生最渴望的事情是什么吗？不是想你君临天下，而是想在大雪中，坐在高楼上，抚去衣上雪花，并肩看天地浩大。我不求你能富贵，只求你平安一生。虞姬拔剑起，为项羽舞起剑来，一招一式，衣袂飘飘。虞姬舞姿花了项羽的眼。最后虞姬自刎，项羽才回过神来。谁能媲美你芳华绝代，长歌当哭，而我觉得，歌哭都难。虞姬，既然你不愿我弃你而去，那等我们下辈子一起采蒹葭。

春风入罗帏，何事太牵情。

岁月如诗，句句含情，它把唐突得浮躁的世事放缓，让时光氤氲。回味，让人心生温暖与感动。

陈默点评　本文题目关注了时光流逝，三个片段蒙太奇式的剪辑组合在了一起。三对夫妻、五个名人均在作者法眼之中。其中项羽、唐明皇、杨贵妃均是教科书文本中的鲜活形象，作者敏锐地捕捉到了这些素材并镶嵌于文中，文章读来甚是感人。人物都不平常，却在时光风华面前无力回天，导致思无边、痛无尽。

易安，我就是那黄昏的梧桐雨

德清初

等待雨，是伞一生的宿命，可是，雨一生的宿命又是什么呢？我究竟等待着什么呢？

易安，这么多年您因《声声慢》而扬名古今中外，您可知，我因《声声慢》而遗臭万年？大家骂我、咒我、不喜欢我，只因我是那黄昏时刻从梧桐树上滴下来的那雨。他们觉得我形象可憎，点滴不断；他们觉得我声音可恨，扰人宁静；他们觉得我的到来后果可怕，惹人烦恼。

可是，易安，您可知道，我自诩自己是个可爱的孩子。

我乘着风，摇摇晃晃从天而降，天空黑沉着一张脸，想截住我逃跑的步伐，但风急急赶来凑热闹，想与我共同弹奏一首“交响曲”。

我喜欢四处游玩，所以我的足迹遍布各地，我的行动不拘时刻；我喜欢绿意盎然，所以我滋润着世间万物；我喜欢靠近人类，所以我总是悄悄地趴在窗边，偷看着他们。

有时，我静坐在自己的位置上养神，听孩子们琅琅的读书声，听小贩们吆喝的叫卖声，听行人来来去去的脚步声，我听着所能触碰到的一切事物的声音，谱成小曲，轻轻哼唱。偶尔，闲暇之时，我也会四处逛逛，活动慵懒的筋骨，欣赏西湖的断桥残雪；路过隋唐大运河；在塞纳河畔看风景；去非洲感受自然风光，我高兴得大笑，嘴角的弧度从未放下。每一天，我都过得很充实，所以疲倦总时不时地骚扰，每当这时，我就停下来和它聊聊，把环游世界的机会让给太阳，自己作个闲散客。

我无忧无虑，也居无定所。我会迷茫，也对明天充满希望。

我不知自己从哪儿来，我也不知我的存在是为了什么，可能，我在等待着什么！也许是自然，我喜欢它因我而焕发生机，因我而美丽，点缀世间万物；或许是勤劳朴实的庄稼人，我喜欢他们因我的到来而欣喜若狂，农作物因我而湿润、饱满，扭动着柔柔的腰肢，为我鼓掌喝彩。人们常常犯个小错，认为我和太阳势不两立，哈哈，其实他们都错了，我和太阳可是好朋友呢！我的新衣太过潮湿，所以才求太阳帮忙，它用触角抚摸我脸庞，给我温暖，当然了，当他热得喘不过气时，我也会为他降温，接替他的工作，让他忙里偷个闲。如果它惹我生气，那么后果就严重了，我便扮上厚重的妆容，躲在天空的外套下，偷偷出来狠狠地吓吓它。

虽然我看似玩世不恭，但我总归是个善良又爱美的孩子。“好雨知时节，当春乃发生。随风潜入夜，润物细无声。”我愿做造福人类的及时雨，带给他们生机与希望。“水光潋滟晴方好，山色空蒙雨亦奇。”我为山川蒙上一层薄薄细纱，透出一派清幽淡雅。每当这时，感觉自己也是美美哒。

或许，我已经知道了自己的等待。我的生活很简单，我执着而透明，我，从云气中来，蕴涵着无声的期待，不知哪里，飘来一声清脆的鸟鸣，那是我一生的宿命。

但是，那日，我的等待纯属是为了和您唱和，我在自己的位置上偷看您很久很久了。您心有不宁，您寻觅，您把酒自酌。偏偏那时我按捺不住自己的脚步，我来了，就是那个黄昏，我从梧桐叶上下来。本以为，我的唱和能够分散您的注意力，或许，我觉得我的声音至少不让您那么沉迷。可是，后果不堪设想。我背负骂名，至今未能洗脱，被后人骂了千年不歇，我成了“愁”的代名词。

易安，我就是那黄昏的梧桐雨，我来唱和，愿您能懂。

陈默点评 本文思维独特，借助《声声慢》的内容，别致地表达了自己的思想。似在申冤昭雪，似在寻求理解，似在引起共鸣。这雨不仅仅自然，还很人文；不仅仅忍耐，也会柔情倾诉。

活动小结 威廉·詹姆斯认为：“人类本性中最深刻的渴求就是赞美。”把学生的优秀成果发布在班级博客上永久保存，让更多人欣赏，让学生有被认可、被赞美的感觉，以激发其做得更好的愿望。教师还可以将佳作印发给全班学生，或让作者在全班大声诵读，或将文章张贴在教室的学习园地，通过多种方式的循环刺激，同样，由个体的片段成功引起“蝴蝶效应”，引发更多的学生借助平台出彩。

改编演课本剧——演绎经典，美丽升华

高中语文新课标要求学生具有改、编、演课本剧的能力。改编演课本剧有利于学生审美感知能力的提升。改写课本剧是为了让学生打破文体对立意识，学会文体转换，消解对古代文体学习的畏难情绪。编排课本剧是为了解放学生的眼，让他们深入细致地阅读，会发现剧情高潮、人物的形象塑造点；解放学生的脑，让她们会思考，能理解，能联想想象，会依据文本合理创造；解放学生的手，让他们能指挥，能表演，能做道具；解放学生的时间，让他们有时间去参与、体悟，增强班级凝聚力。演出课本剧是为了发现班级内不同类别学生的天赋，找到他们的闪光点，让他们有被认同的获得感，让他们发挥个人特长，甚至找到人生的另一条出路。

《寡人之于国也》剧本

编剧：邓竞尧

指导老师：陈默

导演：骆志明

演员：孟子（钱云聪饰）、梁惠王（邓竞尧饰）、侍卫（胡俊杰饰）

第一幕　孟子朝见

旁白：梁惠王用心治理国家，以为国内的百姓会不断增多，但事实并非如此，因此感到十分忧虑。

（梁惠王神态焦虑，来回踱步）

侍卫（跑上前去）：大王，孟子求见。

梁惠王：传孟先生。

侍卫（走向门口）：孟先生请进！

孟子（走到大王跟前）：参见大王！

梁惠王：先生请入座（手指向座位）。

孟子：谢大王，听闻大王最近心情烦躁，不知是否有事困扰着大王？

梁惠王：先生竟知如此，本王着实佩服。我治理国家竭尽心力，为了让百姓不遭受饥荒，我把百姓和粮食随时调动，观察邻国之政，哪个君王有我这样用心啊，这你也是知道的呀。

孟子（语气坚定）：的确是这样的。

梁惠王（神态困惑，语气更加急切）：为什么我们国家的子民却没有增多呢？

第二幕　孟子例驳

孟子：（神态自然，语气中肯）大王，且莫忧虑，待我与你细细道来，大王喜欢战争，那我就用战争作比喻吧。

梁惠王：（表情稍微放松）好！好！好！

孟子：当战鼓雷响，兵刃相接，有的士兵想要逃跑，有的跑了五十步，有的跑了一百步，跑了五十步的人却停下来耻笑跑了一百步的人。不知大王如何看待此事？

梁惠王：（拍案而起，表情惊讶、气愤）怎么有这种心态呢？征战沙场，这跑五十步与跑一百步都是逃兵，哪有什么区别呢？

孟子（点头微笑）：大王所言极是，那么大王就不要想本国老百姓比邻国多了。

梁惠王（语气急迫）：那先生觉得如何是好呢？

第三幕　孟子献策

孟子（自信、淡定）：国家要强大富有，首先必须发展农业，所以必须做到不违农时。而且为了生态持续发展，细网不可进池塘，砍伐树木也要有一定的时节。这样百姓才能安居乐业，不去做杀人放火的事情。大王，您觉得呢？

梁惠王（连连点头，语气感激）：说得有理！

孟子（正视大王，继续说）：百姓有吃有喝，百姓对供养活人埋葬死人没有什么不满，这就是王道的开端了。

梁惠王（脸上有笑意，继续做倾听状）：不错不错，就是这样的。

孟子（不慌不忙）：在五亩大的住宅旁边种上桑树，五十岁的人就可凭此穿上丝织品的衣服了。畜养鸡、猪、狗等家畜，不要错过繁殖的时节，七十岁的人就可以吃到肉了。百亩的耕地，不要耽误了它的生产季节，数口人的家庭就不会有挨饿的情况了。这样百姓肯定都会赞扬你的治国之道的。

梁惠王（表情满足）：先生真是智慧啊！还请先生继续指点迷津。

孟子（孟子继续说，梁王做思考状）：百姓衣食无忧，那自当要兴办教育了，忠孝仁义都可以从教育中习来。老有所养，幼有所依，鳏寡孤独皆有所养，王道之始，国之兴也！

梁惠王（双手作揖，感激状）：先生的指点，寡人受益匪浅。所指定的策略定当遵从，极力发展。力求改变“寡人之民不加多”的现状。

孟子：我相信大王定将国家治理得繁荣昌盛，天色已晚，草民就先行告退了。（双手作揖退下）

（孟子下，梁惠王下）

旁白：梁惠王谨遵孟子教诲，改革治国之道，国力渐兴。

陈默点评　本剧小标题醒目，具有高度的概括力，舞台说明体现人物心理变化，特征明显，便于表演。梁惠王的追问、孟子的比喻都是各取所需，对话既体现了治国者的好学之志，又体现了劝说者的闪光智慧。

《鸿门宴》剧本

编剧：孙嘉文

指导教师：陈默

导演：龙曦

演员：张良（袁龙饰）、项庄（吴大伟饰）、范增（龙曦饰）、刘邦（张宇饰）、樊哙（孙嘉文饰）、项羽（潘悦越饰）、项伯（邓竞尧饰）

地点：项羽行宫中

第一幕　刘邦赴宴

（项羽坐上座，范增项伯坐右侧，项庄侍立于范增旁）

范增：大王，今日将刘邦请过来，您要趁机断绝后患，还请您不要手下留情。

项羽：可我和他无冤无仇，没理由杀他啊。

范增：如今刘邦已于关中称王，倘若今天不将他立斩于此，日后必会威胁到您，还请大王不要妇人之仁。待会儿我将玉佩举起时，您就一声令下，让侍卫一齐上殿，围杀刘邦。

项羽：此事我自有定夺，不劳亚父费心（刘邦、张良、樊哙上场，刘邦、张良进殿，樊哙侍立于门外）。

刘邦：刘邦拜见将军。

项羽：刘邦，你这小人，你趁我在北方攻秦救赵，抽不出身，竟然入关称王，你该当何罪？

刘邦：我和将军合力攻打秦国，将军在黄河以北作战，我在黄河以南作战，却没有料到自己能够先入关攻破秦国，能够在这里再见到您。现在由于小人的谗言，使将军和我之间产生了隔阂……

项羽：这都是你的左司马曹无伤所言，我也是听信了他的话才如此一问。您请入座。（刘邦入座，范增举起玉佩，项羽轻轻摇头）

范增：大王，臣偶感不适，失陪片刻。

第二幕　项庄舞剑

范增（邀项庄出门说）：项王被刘邦的话迷惑了，不忍心杀他，待会儿你去殿中舞剑助兴，趁机斩杀刘邦。

项庄：善（项庄走进殿中）!

项庄：拜见大王，臣以为在这里没有什么可以为您和沛公助兴的，于是斗胆献丑，请大王允许我舞剑助兴。

项羽：如此甚好！（背景音乐《十面埋伏》起）

（项庄拔剑起舞）

（剑刺向刘邦，刘邦侧身闪开）

（项伯拔剑起身）

项伯：一人舞剑不够尽兴，不如我俩一同舞剑。

（项庄与项伯共舞）

（项庄刺向刘邦，项伯以剑挡开）

（项庄反身再刺刘邦，项伯以身挡，项庄收剑）

张良（见此情景，不安地起身）：大王，请允许我出帐如厕。

（项羽点头，张良下）

（项庄项伯归位）

（张良起身出门，与樊哙对话）

第三幕　樊哙救驾

樊哙（焦急地问）：情况如何？

张良：方才项庄拔剑起舞，想要诛杀主公。

樊哙：什么？如果主公有半点闪失，就是我这做护卫的失职，不行，我得进去。

（樊哙持盾冲入殿中，怒视项王）

樊哙（愤怒）：谁是项庄，出来受死！

（项庄拔剑，项羽示意项庄退下）

项羽：你是何人？

张良：沛公侍卫樊哙也。

项羽：区区一侍卫，竟敢在我军中咆哮！

樊哙：有何不敢？

项羽（点头赞赏）：真乃勇士也，敢喝下这斗酒吗？

（樊哙一饮而尽）

项羽：真乃壮士也，给他一生彘肩下酒。

（项庄扛生彘肩给樊哙）

（樊哙将其置于盾上，拔剑切着吃）

项羽：壮士！还能再喝酒吗？

樊哙：我连死都不怕，一杯酒又哪里值得推辞！昔日秦王有像虎狼一样凶狠的心肠，杀人唯恐不能杀尽，处罚人唯恐不能用尽酷刑，（因此）天下老百姓都背叛了他。怀王曾经和诸将领约定谁先打败秦军进入咸阳便可为关中王。如今，我家主公先行入关，一丝一毫都不敢占有动用，封闭了宫室，退军驻扎在霸上，等待大王到来，还特意派遣将士把守函谷关，是为了防备其他盗贼出入和发生变故。像这样劳苦功高，没有加封赏赐，将军反而听信了小人的谗言，要杀有功之人，这是灭亡的秦国的后续者啊！我认为大王不应该采取这样的做法。

项羽（无言以对）：壮士请坐！

第四幕　金蝉脱壳

刘邦：将军，刘某忽然腹痛，需出门如厕，请将军见谅。

项羽：沛公请便！

（刘邦张良樊哙出门）

张良：主公快快上马，此地太过危险。

刘邦：可我并未道别，不免有些失礼。

樊哙：做大事情不必顾虑细枝末节，讲大礼不必讲究小的礼让。现在人家正像是切肉的刀和砧板，我们像是鱼和肉，为什么（还要）告辞呢？

张良：你们先走，我留下来善后。

刘邦：这里距我军军营大概二十几里，你估计我入军中后再去道别。子房，小心啊！

（樊哙与刘邦快步离开）

（片刻后，张良入殿中）

项羽：刘邦呢？

张良：将军，沛公不胜酒力，已然大醉，臣已派人送回军中去了。

张良：这里有两块美玉，是沛公送给将军和范先生的。

（项羽收下玉，张良退场）

（范增接受玉杯，丢在地上，拔出剑砍碎了它）

范增："唉！这小子不值得和他共谋大业！将来夺天下者，必定是沛公啊！我们这些人就要被他俘虏了！

（众人退场）

旁白：话说沛公回到军中，立即诛杀曹无伤。从此刘项之间的矛盾已经公开化，轰轰烈烈的楚汉战争开始了。项羽勇猛善战，叱咤风云，显赫一时，在灭秦过程中建立了巨大的功绩，但推翻秦朝后，他目光短浅，策略错误，触怒诸侯，烧杀破坏，放弃关中，鸿门宴上放走刘邦，最终军毁身亡了。

陈默点评 本剧依据课本故事情节改编，刘邦拉拢人心之智，项羽的把握时机不准之愚体现得很充分。张良、樊哙的忠心，项伯的帮助都是刘邦侥幸逃脱的外力。项羽内部的谋士范增之言没有被充分采纳，项羽集团内部对待沛公的态度不统一是项羽让机会溜走的根本原因。项羽集团的祸根在剧本中得到充分体现。

《孔雀东南飞》剧本

编剧：黄御莲、骆世杰

指导教师：陈默

导演：刘涵

演员：旁白（黄御莲）、刘母（刘涵饰）、刘兰芝（余珍珠饰）、焦母（陈新亮饰）、刘兄（陈金龙饰）、焦仲卿（骆世杰饰）

第一幕　焦母遣归

刘兰芝：妾身十三岁便开始学习织绣（作纺纱状），如今嫁到焦家，每天不断地织布，可是婆婆还是觉得我不够勤快，仲卿在官府为吏，我却在家中忍着相思之苦，备受婆婆欺辱（起身活动）。

焦母：你这个懒货，又在偷懒，真不知道为什么会有这么懒的人。

刘兰芝：不是的婆婆，我只是……（被打断）

焦母：不要解释了，快去干活！

刘兰芝：是的，婆婆（长叹并继续干活）。

焦母：（坐在堂上）我这儿子，如今也是个不小的官了，我要好好地为他考量考量前程了，东家有一女子，俊美可人，可比那刘氏强多了，这才配得上我那当官的儿子。

焦仲卿：（推开家门，见焦母作揖）孩儿给母亲请安。

焦母：嗯，儿啊，如今你在外面那么辛苦地做事，家中却有一个既不漂亮又不贤惠的妻子，这可不符合你做官的身份，我替你另寻了一门亲事，你准备一下，把那刘氏休了我就去给你提亲。

焦仲卿：娘，你在说什么呢？兰芝从十七岁嫁我为妻，其间从未有过半句埋怨，而今却要我休她，娘，恕孩儿不能从命。

焦母：不管你怎么说，这件事我已经决定了，你自己看着办吧。（起身离开）（焦母走出前堂，来到刘兰芝的房间）

焦母：兰芝，老身来这告诉你一件事。

刘兰芝：婆婆请讲。

焦母：我觉得啊，你太过于懒惰，不适合做仲卿的妻子了。你自己回娘家吧，不要再回来了。

刘兰芝：婆婆，为什么让我走，不要让我走，我以后……（被打断）

焦母：哼，还以后，告诉你没有以后了，明天早上就给我收拾东西走，不要在我们家了，你配不上他。（转身离开）

（兰芝一人独自掩泣）

（刘兰芝回到娘家）

刘母：兰芝回来了啊？这件事我也听说了，他们家怎么能这样呢？（掩面哭泣）

第二幕　刘兄逼嫁

（刘兄见兰芝）

刘兄：妹，他们不仁就休怪我们不义。哥给你另觅了门亲事，人家可是太守的儿子，年少多才，等你以后嫁过去，就不用自己每天干活，每天都有人伺候，那什么焦仲卿见着你，都要恭恭敬敬地叫声夫人呢！

刘兰芝（眼眶泛红，脸色苍白）：我未曾做错事，为何要改嫁，而且我与夫君约定好了今生不离不弃，我不能违背诺言啊！

刘兄（凶神恶煞）：你敢不去？人家太守的儿子俊美有才华，你跟了他一定会有享不尽的荣华富贵，后半生肯定吃喝不愁，你还有什么不满意的？那焦仲卿不过是一个小吏而已，而且他的母亲已经为他另觅了新欢，他那么不喜欢你，你又何必苦苦纠缠呢？不行，事到如今，你是嫁也得嫁，不嫁也得嫁！（刘兰芝掩面哭泣）

第三幕　刘焦私会

刘兰芝：夫君，不愿与你分开，但事到如今，也由不得你我了！

焦仲卿：等我，兰芝，你再等等我，我一定有办法助你我脱离苦海的！

刘兰芝（撇头，流泪）：恐怕我是等不到那一天了！（抽出手，哭着跑开）

黑夜……

旁白：刘兰芝脱下外衣鞋子，着中衣，满怀眷恋地回头看了焦家最后一眼，跳下水井。

第二天……焦仲卿来到井边，看到兰芝的衣物，抱着衣物，失声痛哭，浑浑噩噩地来到一棵树边，将兰芝的腰带挂在树枝上，笑着说："兰芝，我来找你了，等我……"

陈默点评　该剧本对文本把握准确，联想想象合理，人物动作表情彰显人物性格。兰芝对爱情的忠贞体现在细节上；兰芝的被逼体现在婆婆、父兄的言语里；兰芝和焦仲卿的真爱体现在相见的哭泣中。演出人员情感充沛，道具均为学生亲手准备，演出效果极佳，师生看后均泪流满面。演出视频存在班级博客里，是师生一辈子美美的回忆。

《廉颇蔺相如列传》之负荆请罪剧本

编剧：刘馨梅

指导老师：陈默

演员：廉颇（温宇饰）、赵王（王浩宇饰）、侍从（勾靖滋饰）、门客（卢宏丹饰）、蔺相如（周润琦饰）。

第一幕　宴请群臣

（皇宫中，"渑池之会"后，赵王在宫中大宴群臣）

（廉颇、蔺相如上场，蔺相如与廉颇施礼）

蔺相如（拱手）：廉将军……

廉颇（头一转）：哼！

（蔺相如满脸错愕，转而沉思）

赵王侍从：大王上殿！

赵王：诸位爱卿请入席。此次众卿家为国尽职尽责，忠心耿耿，尤其是蔺大夫，在渑池会上与秦王对抗，不卑不亢，扬我国威。今日，本王要重重犒赏蔺卿家。

蔺相如（起身）：大王，万万不可。若论功劳，廉将军的功劳最大。渑池会上，臣之所以能不辱国威，是因为廉将军率大军驻守边境，日夜戒备，才使秦王十分忌惮，不敢对大王施威。

赵王：廉将军护驾有功，本王另有赏赐。今日大家当开怀畅饮，不必拘礼。本王先行一步，请蔺卿家代本王陪宴。

蔺相如：是！

赵王侍从：起驾！

廉颇：诸位畅饮，我廉某身体不适，恕不奉陪。（转身疾步离开）

蔺相如（追出）：廉将军，请留步！

廉颇：哼，小人得志！（拂袖而去）

（廉将军气冲冲地回到府上）

廉颇（大声说）：想我廉颇，十三岁起从军，大小征战百余场，纵横疆场。而他蔺相如，仗着能说会道，凭一张嘴皮子就平步青云，有什么真本领？我若见到他，定叫他好看！

第二幕　误会化解

（某日，大街上，蔺相如与廉颇各自外出）

门客（伸手遥指）：蔺大人，看，那不是廉将军吗？

蔺相如（定睛一看）：快，调头，别和他们碰面。

门客：蔺大人，您的官职还在廉颇之上，为什么要躲着他呢？

蔺相如：俗话说“文能治国，武能安邦”。赵国文有我蔺相如，武有廉将军，所以秦国不敢来犯。如果我与廉将军闹矛盾，那么秦国必定乘虚而入。因此，我宁愿躲着廉将军，以避免和他发生正面冲突。

（蔺相如的一席肺腑之言传到廉颇那里，廉颇受到了很大的震撼。）

廉颇（深受感动，自言自语道）：是啊，有什么比国家的利益更为重要呢？我竟为了一个虚名，与蔺大人过不去，我怎么这么糊涂啊！

第三幕　负荆请罪

（蔺相如府上，蔺相如正伏案起草公文）

门客：大人，廉大将军求见。

蔺相如：快快有请。

门客：廉将军请。

（廉颇身负荆棘，一入正堂，就朝蔺相如跪下，众人大惊）

蔺相如（神色一惊，连忙起身扶起廉颇）：廉将军，这是做什么？快快请起。

廉颇：（坚持跪下）蔺大人，我廉颇是个粗人，只会带兵打仗，没什么心眼。若非蔺大人胸怀社稷，大人大量，不与小人一般见识，则早已危及国家矣！以往多有得罪之处，望蔺大人莫放在心上。

蔺相如：我对廉将军一向心怀敬佩，将军快快请起。（扶起廉颇）您我二人，一文一武，助大王安邦治国、平天下，和则利国，斗则祸国，让我们冰释前嫌，为文武百官做出表率，如何？

廉颇：好！我愿与您化干戈为玉帛，一起并肩奋斗。

蔺相如：好啊，廉将军！携手一致，共抗秦国！

廉颇：对！团结一致，共抗秦国！

陈默点评　本剧将武士的猛刻画得淋漓尽致，将谋士的智描绘得有声有色。文武对比自显谋士之智。将相能够冰释前嫌，全在相如的忍让之间。门客之词和相如之行形成对比，强化了相如之智，廉颇之觉醒也突出了相如的智慧。

《廉颇蔺相如列传》之完璧归赵剧本

编剧：李盈

指导老师：陈默

导演：李盈

演员：蔺相如（戚黎饰）、赵王（杨岱昕饰）、赵国大臣、赵国仆从（郑悦饰）、传令官（乔亮宇饰）、秦国使者、秦国大臣（李盈饰）、秦王（谭屹峰饰）

第一幕　临危受命

旁白：战国时候，秦国最强大，常常进攻别的国家。有一回，赵王得了一件无价之宝，叫和氏璧。

（赵）传令官：秦国使者求见，可否召见？

赵王：快快有请。

（赵）传令官：传秦国使者上殿晋见。

秦国使者（没有行礼）：这儿有一封信，我国大王叫我转交给你。（说完便走了）

（赵传令官接过信给赵王）

赵国大臣：这个使者也太无礼了，见到大王也不行礼！这不是摆明了不把我赵国放在眼里吗？

（赵王摆摆手，细看秦王的来信，大臣们站在两侧）

赵王（看完信放下，焦急地向大臣）：秦王来信说愿意拿十五座城换和氏璧，众卿看如何是好？

赵国大臣（站起，恭敬地）：回大王，和氏璧乃天下的无价之宝，而秦王生性狡诈，不过是想把和氏璧骗到手罢了，我们决不能上他的当。

赵王（皱眉）： 爱卿所言极是！依爱卿所见该如何是好？

赵国大臣（站起，恭敬地）：大王，我斗胆向您推荐一个人，此人叫蔺相如，勇敢机智，一定能化解这个难题。

赵王（大喜）：蔺相如在哪儿？还不快快有请！

赵国大臣：是！（施礼，躬身下场）

（蔺相如随赵国大臣上场）

蔺相如（对着赵王深施一礼）：草民蔺相如拜见大王。

赵王（打量着蔺相如）：听说你机智勇敢，不知你有什么办法？

蔺相如（想了一会儿）：我愿意带着和氏璧到秦国去，如果秦王真的拿十五座城来换，我就把璧交给他；如果他不肯交出十五座城，我一定把璧送回来，那时候秦国理亏，就没有动兵的理由。

赵王（无可奈何）：看来只能这样了，希望你不要辜负本王对你的信任。

蔺相如：臣一定完成任务。（施礼，躬身下场）

传令官：退朝！

（全下）

第二幕 舌战秦王

（蔺相如带着和氏璧来到了秦国）

地点：秦章台

场景：秦国大臣一人，秦王期待而又威严地端坐在王位上

（秦）传令官：宣蔺相如进殿（拉长声音）！

蔺相如（双手捧着和氏璧，恭恭敬敬地走上来，跪下，叩首）：臣，蔺

相如，拜见秦王陛下！

秦王（傲慢）：你就是蔺相如？

蔺相如：正是！

秦王：你辛苦了。听说你们的赵王得了一件宝贝，快呈上来，让寡人瞧瞧。

（蔺相如双手递给秦国的大臣）

秦国大臣（双手捧着璧，叩首）：恭喜陛下，贺喜陛下……

秦王（生气）：少啰唆，快呈上来！

（秦国大臣慌张地呈上来）

秦王（高兴）：好宝贝！左右大臣及妃嫔，尔等也瞧瞧！

（秦王得意地大笑）

蔺相如（自言自语）：看来这个家伙真是没有拿城换璧的诚意啊！（叩首）敢问秦王，宝贝好不？

秦王（傲慢）：告诉你们赵王，寡人很是高兴。以后他有了什么好东西，送来寡人也瞧瞧，好东西要分享嘛！哈哈，免伤了大家的和气啊！哈哈哈哈！

蔺相如：正是正是，臣禀告大王，这和氏璧好是好，天下人都知道它是好宝贝，但是，大家都不知道它有点小瑕疵啊！

秦王（惊讶）：什么？有小毛病？寡人怎么没有看出来？

蔺相如：你得细看。

秦王：有这等事？没看出来啊，在哪儿？

蔺相如：待臣给您指出便是。

秦王：来呀！把宝贝递给蔺相如，让他给寡人说道说道。

蔺相如（接过璧，往后退了几步，站定，理直气壮）：秦王，你想强占和氏璧，你不怕天下人耻笑吗？

秦王（大怒）：大胆！竟敢说教寡人！赶快把璧交上来！竟敢欺骗寡人，你这是犯下欺君之罪！如果交上来，我免你一死！

蔺相如（仰天大笑）：哈哈，我既然来了，就没有打算回去。

秦王：好啊，寡人成全你！来啊，给我绑了，拖出去，斩首示众！

蔺相如（把璧举过头顶）：现在璧在我手上，您要强逼我，我的脑袋和璧就一块撞碎在这柱子上。

秦王（着急）：且慢！你为了一块璧去死，值得吗？

蔺相如：这不是一块玉，这是我们赵国的尊严，赵国的利益。

秦王（大怒）：不知好歹的东西，你若要一意孤行，寡人不在乎再杀一个啊！

蔺相如（坚强）：我早已抱定必死的决心了，请便吧！

秦王（突然大笑）：爱卿，我们堂堂秦国，怎会不讲信用？我把 15 座城池早已划出来了。来啊，把地图呈上来，给蔺相如看看我们给赵国的那 15 座城池！

（秦国大臣慌张地站起来，给蔺相如看地图，用手比划）

蔺相如：陛下，你的诚意我看到了，但是，和氏璧是无价之宝，我们赵王说了，为了让天下人都知道赵王愿意和秦王交朋友，恳请大王举行一个盛大的典礼，在典礼之上我再恭恭敬敬地把宝物献上，岂不显得您更是风光？

秦王（大喜）：好，好，好，就依你，五天后举行献宝大会，退朝！

（蔺相如退朝后，把和氏璧交给了手下人）

第三幕　完璧归赵

（蔺相如知道秦王丝毫没有拿城换璧的诚意，立即回到驿馆安排）

蔺相如：来人！

赵国仆人：大人，有什么吩咐？

蔺相如：我命你们立马起程，记住，要从小路走，还要乔装打扮，千万不要让人认出你们来，把这和氏璧快马加鞭送往赵国，交给赵王。

赵国仆人：是！

（说罢，仆人便收拾东西起程了）

（五天后，蔺相如随秦国大臣上场）

地点：秦宫

（设九宾于廷，秦王期待而又威严地端坐在王位上）

秦国大臣：（恭敬地）大王，蔺相如来了该怎么办？

秦王（冷笑）：哈哈哈哈哈！

（秦）传令官（拉长声音）：宣蔺相如进殿！

蔺相如：（两手空空，一摇三晃地）臣叩见陛下！

秦王（正襟危坐，假惺惺地）：蔺相如，本王已经沐浴更衣，典礼也已经准备就绪，现在该交换和氏璧了吧？

蔺相如（对秦王深施一礼，大大方方地）：和氏璧已经送回赵国去了。您如果有诚意的话，先把十五座城交给我国，我国不敢留璧而得罪大王。我深知欺骗大王是死罪，请大王和群臣商议处罚吧！

秦王：（无可奈何地）既然和氏璧已经送回赵国了，就请蔺使者回去吧，本王另做打算。

（蔺相如施礼退下）

陈默点评 本剧设置细致，安排了表演分工，体现了编剧对本班学生特征的了解，演出效果极佳，极大地影响了观众的情绪。

《林黛玉进贾府》之宝黛相会剧本

编剧：德清初、杨静

指导老师：陈默

导演：德清初

演员：林黛玉（石文涛饰）、贾宝玉（杨天怡饰）、王夫人、迎春（杨静饰）、王熙凤、惜春（田洪洲饰）、丫鬟一、二、探春（张勇饰）、贾母（德清初饰）

第一幕 宝黛初会

丫鬟二：太太说请林姑娘到那去坐吧。

黛玉在椅子上坐了，王夫人因说："只有一句话嘱咐你，你三个姊妹倒都极好，以后一处念书认字学针线，或是偶一玩笑，都有尽让的。但是我不放心的最是一件：我有一个孽根祸胎，是家里的'混世魔王'，今日因庙里还愿去了，尚未回来，晚间你看见便知了。你只以后不要理睬他，你这些姊妹都不敢沾惹他。"

丫鬟一：老太太那里传晚饭了。

王夫人（携黛玉走到王熙凤屋前，指给她）：你看，这是你凤姐姐住的屋子，回来你往这里找她，少什么东西，你只管和她说就是了。

王熙凤（见黛玉来了，忙拉住她往左边第一张椅子上坐）：来，妹妹，请坐。

林黛玉（推让的）：不。

贾母（见状，忙解释）：你舅母及嫂子们不在这里吃饭，你是客，本应如此坐的。（见众人都坐好后，贾母对王夫人、王熙凤及一些丫鬟们吩咐道）你们去吧，让我们自在说会儿话儿。

王熙凤（一听老太太这么说，便起身对黛玉说道）：我走了，有什么事尽管找我啊。

（说完后，转身离去）

（寂然饭毕，王夫人引凤、李二人而去）

贾母（众人走后，拉住黛玉的手，问道）：都念过什么书？

林黛玉（小心翼翼地）：只刚念了“四书”，姐妹们都念什么书？

贾母：她们，读的什么书，只不过是认得几个字，不当睁眼瞎子罢了！

丫鬟二（笑着对大家喊）：宝二爷来了……

贾宝玉（配一块玉上，跪拜）：给老太太请安！

贾母（宝玉来后，命令道）：去见你娘，再回来。

第二幕　宝玉赠字

贾母（见宝玉回来后，脱了衣裳，笑着说）：外客未见，就脱了衣裳，还不快去见你妹妹。

黛玉（起身行礼）：哥哥！

贾宝玉（作揖后，凝神望了黛玉一阵）：这个妹妹我曾见过。

贾母（拍拍宝玉的肩，笑着）：你又胡说，你怎么可能见过她呢？

贾宝玉：虽然没见过，却看着面善，心里就当是旧相识，今日只作远别重逢，亦未为不可。

贾母：更好，更好，要是真是这样，就更和睦了。

贾宝玉（走进黛玉身边坐下，细细打量一番后，试探地问道）：妹妹可曾念过书？

林黛玉（留心地，小心翼翼地说）：不曾读，只上过一年学，些许认得几个字。

贾宝玉：妹妹尊名是哪两个字？（凑近）

林黛玉（轻柔地）：黛玉。

（一边说，一边用手指在手上比划着“黛”字）

贾宝玉：那……妹妹的表字是……？

林黛玉（摇摇头）：无字。

贾宝玉：那我送妹妹一个妙字，就属“颦颦”二字最妙。（右手扶着下颚，笑道）

探春：这出自什么典故？

贾宝玉：《古今人物通考》上说“西方有石名黛，可代画眉之墨”。这个妹妹眉尖若蹙，取这两个字，岂不妙哉？

探春：恐怕这又是你杜撰的。

贾宝玉：除“四书”以外，杜撰的很多，难道我就不能杜撰一个？（转向黛玉，焦急地询问）

第三幕　宝玉摔玉

贾宝玉：妹妹有玉没有？

林黛玉（看看宝玉身上佩戴的玉，思索了一阵）：没有。

贾宝玉：妹妹真的没有？

林黛玉：哥哥的玉是一件稀罕物，怎么能人人都有呢？

贾宝玉（听完，顿时发作起痴狂病来，摘下玉，狠狠地朝地上摔去，骂道）：什么稀罕物，连人之高低不择，还说“通灵”不“通灵”呢！我不要这个劳什子了。

迎春、探春、惜春（忙拉住宝玉）二哥哥，不要！

贾母（气得轻轻打了宝玉一下）：孽种啊！你生气，打人骂人都可以，何苦摔那命根子啊。

宝玉：家里的姐姐妹妹们都没有，就我有，没意思；今天来了个神仙似的妹妹也没有，这肯定不是个好东西，为什么我一定要有这个破石头？

贾母（拭完泪后，灵机一动，忙哄他）：你这妹妹原来也有玉，只是因你姑妈去世时，舍不得你妹妹，遂将她的玉带去了。这一来了你妹妹的孝心，二来你姑妈在天之灵，看着玉就全当看着女儿了。你妹妹说没有，是不愿张扬。如今，你怎么能跟她相比呢？还不快点戴好，当心你娘知道了。

（众人平息下来后，奶娘上场）

奶娘：老太太，请问林姑娘今住何处？

贾母：今将宝玉挪出来，同我在套间暖阁儿里住，把林姑娘暂且安置在碧纱橱里。等过了残冬，春天来后，我会另作一番安排的。

贾宝玉：好祖宗，我就在碧纱橱外的床上很妥当，何必又闹得老祖宗不得安静呢？

贾母：（想了一想）好吧，那都先歇息去吧！

（众人皆下）

陈默点评　本剧巧妙地截取了《林黛玉进贾府》之宝黛相见的三个场面。学生最感兴趣、最期待《红楼梦》中的两大主人公的相见发生的故事通过人物表现和人物对话一一体现出来。黛玉的谨慎、宝玉的乖张均有体现，是好记、易演、人物性格特征明显的好剧。

《苏武传》剧本

编剧：黄文奕

指导老师：陈默

演员：卫律（徐航饰）、李陵（李志晖饰）、单于（黄涛饰）、张胜（黄文奕饰）、苏武（郑晗曦饰）、旁白（叶盈影）

旁白：苏武者，汉朝人也，字子卿，年轻时凭借父亲的职位做了皇帝的侍从，后，渐被提升为掌管皇帝鞍马鹰犬射猎工具的官员。公元前 100 年，且鞮立为单于，怕受到汉的袭击，于是向汉进言而表明忠心。全部送还了汉廷使节路充国等人。汉武帝龙颜大悦，赞许他的做法，于是派遣苏武以中郎将的身份出使，持旌节护送扣留在汉的匈奴使者回国，顺便送给单于丰厚的礼物，以谢好意。

苏武（上，面向观众）：我苏武带着百余随从，走完了八千里长路，终于到了匈奴地界，面见单于，却发现单于傲慢异常，并非是先前向我大汉卑躬屈膝的那般模样。

张胜（入，急道）：虞常等人叛乱失败，我怕我私下与虞常说的话被揭发，怎么办？

苏武（叹道）：事情到了如此地步，这样一定会牵连到我们。受到侮辱才去死，更对不起国家！（说完拔剑欲自刎，张胜常惠制止）

第一幕　苏武拒降

旁白：东窗事发，虞常果然供出了张胜，单于大怒。召集匈奴贵族前来商议，欲杀苏武等人。

（匈奴贵族）左伊秩訾：不可杀，如果绑架单于母后都杀了他们，假如是谋杀单于，又用什么更严的刑法呢？应当都叫他们投降。

匈奴王：言之有理。来人，带汉使过来！

（匈奴士兵带着汉使上殿）苏武（对常惠说道）：丧失气节、玷辱使命，即使活着，还有什么脸面回到汉廷去呢！（说罢拔剑自刎）

（卫律大吃一惊，自己连忙抱住、扶好苏武，叫人骑快马去找医生来。医生在地上挖一个坑，在坑中点燃微火，然后把苏武脸朝下放在坑上，轻轻地敲打他的背部，让淤血流出来。苏武本来已经断了气，这样过了好半天才重新呼吸。常惠等人哭泣着，用车子把苏武拉回营帐。苏武常惠等人下。）

匈奴王：这个汉使有骨气，希望他能效忠我匈奴！卫律，你每天看看他身体恢复得怎么样。

旁白：苏武的身体渐渐恢复，单于派使者通知苏武，会同判定虞常的罪，想借此使苏武投降。

（苏武至胡帐中，虞常张胜立苏武旁，单于坐主位）卫律（提剑，先斩了虞常，再面向张胜，朗声道）：汉使张胜，谋杀单于近臣，判处死罪。（目光逼视张胜、苏武二人，作势要砍杀张胜）

张胜（见势，被吓得瘫倒在地上，面呈土色，双手高举）：别砍，我投降。

苏武（面不改色，立于张胜旁边，低声喝道）：懦夫！

卫律（做了个手势，众胡兵上前，为张胜解开拷锁，扶出帐门，卫律吩咐手下去款待张胜，再转头面向苏武）：当连同你治罪。

苏武（面无慎色，目光平静）：我本来就没有参加策反，又不是他们亲故，谈何连坐？

卫律（又提剑，欲砍苏武，苏武不动，稳若泰山屹立在胡帐中，卫律无可奈何，只有将剑放下，复言）：苏武，我卫律背叛汉朝而归顺匈奴，信而蒙受单于大恩，赐我爵号，封我为侯，掌管数万人，牛马遍野满山，如此富贵，你今天如果向匈奴投降，明天便会和我一样，不能，把身体白白送给牛羊做饲料，功名埋没在大漠荒滩上，谁还会知道你？

（苏武怒视卫律，不言，卫律又循循诱惑）：你通过我向匈奴投降，我与你便是兄弟，如果你今天不听我的话，（意味深长地看着苏武）恐怕你再也见不到我了。

苏武目光凌厉，字字慷慨：谁要见你这背叛国家的走狗，单于信任你，派你决定人的生死，你不好自为之，反而想挑起两国的战争，你明明知道我不会投降，却依旧在此装模作样，匈奴的灾难，便从你杀我苏武开始！

卫律哑口无言，向单于说明，苏武绝不投降，单于更想让苏武投降，命人将苏武押下去。

第二幕　独守大漠

旁白：苏武出使匈奴的第二年，李陵投降匈奴，起初不敢面见苏武。时间一久，单于派遣李陵去北海，为苏武安排了酒宴和歌舞。

李陵（备办酒宴，安排歌舞，与苏武共同饮酒进餐，李陵举杯对苏武，话到嘴边又咽了下去，几欲开口后，终于说了出来）：单于知道你我关系向来很好，故差遣我来说服你，单于准备对你以礼相待，始终回不到汉朝，白白地在这荒野受罪，何苦呢？您对汉朝的信义表现在哪里呢？前些时候您大哥做奉车都尉，辅皇帝的车子下台阶时，车子撞在了柱子上，辕折断了，被指控“大不敬”，以剑自杀了，赐了他二百钱下葬，你弟弟孺卿，跟皇上去祭祀土神，骑着马的宦官与驸马争船，把驸马推下去掉到河中淹死了。骑着马的宦官逃走了，皇上命令你弟弟去追捕，他没有抓到，因害怕而服毒自杀了。我离开长安的时候，你的母亲已去世，我送葬到阳陵。你的夫人年纪还轻，听说已改嫁了，家中只有两个妹妹，两个女儿和一个儿子，如今又过了十多年，生死不知。人生苦短，何必长久地像这样折磨自己！我刚投降时，终日若有所失，几乎要发狂，自己痛心对不起汉廷，加上老母拘禁在保宫，你不想投降的心情，怎能超过当时我呢！并且皇上年纪大了，法令随时变更，大臣无罪而全家被杀的有十几家，安危不可预料。你还打算为谁守节？希望你听从我的劝告，不要再坚持了！

苏武（凛然）：我苏武父子对民无功，都是承蒙皇恩才被提拔，官职为将，爵位封侯，兄弟都是皇上的亲近，愿以身殉国，肝脑涂地，虽九死其犹未悔，即使被杀，我等心甘情愿，臣子侍奉君主，犹如儿子侍奉父亲，儿子为父亲死，定当无怨无悔，希望你以后不要再说了！

（数日后）李陵（又于宴席上，又劝说道）：你听听我的话。（话未说完，又被苏武打断）

苏武（凛然）：料想我离死也不久了，您如果一定要使我投降，那就结束了今天的宴席，让我死在您的面前。

李陵（闻其慷慨悲言，复想自己以前的种种行为，长叹）：真是个有义之人，我与卫律犯此重罪，无脸见您！（泪落沾裳，与苏武告别而去）

（苏武望着他的背影，良久，将杯中余酒一饮而尽）

李陵（复来）：边界上抓住了云中郡的一个俘虏，说太守以下的官吏百姓都穿白的丧服，说是皇上死了。

（苏武听到这个消息，面向南号啕大哭，吐血，每天早晚哭吊数月之久）

第三幕　持节返汉

旁白：汉昭帝即位，几年后，匈奴和汉达成和议，汉廷寻求苏武等人。

汉使：我欲带苏武等人回汉。

匈奴王：苏武等人早死。

汉使：是吗？

匈奴王（不耐烦）：是！

常惠（见到汉使）：告诉单于，说天子在上林苑中射猎，射得一只大雁，脚上系着帛书，上面说苏武等人在北海。

汉使（欣喜万分）：定不负所望！

汉使：天子在上林苑中射猎，射得大雁，脚上系着信，解下来一看，上面说苏武等人还在北海。

匈奴王（吃惊，遂道出真相）：苏武等人的确还活着。

旁白：李陵设宴送别苏武，除了以前已经投降和死亡的，总共跟随苏武回来的有九人。

（苏武于汉昭帝始元六年春回到长安。汉昭帝下令叫苏武带一份祭品去拜谒武帝的陵墓祠庙。任命苏武做典属国，俸禄中二千石；赐钱二百万，官田二顷，住宅一处。常惠、徐圣、赵终根都任命为皇帝的侍卫官，赐给丝绸各二百匹。其余六人，年纪大了，安排回家，赐钱每人十万，终身免除徭役。常惠后来做到右将军，封为列侯，他自己也有传记。苏武被扣在匈奴共十九年，当初壮年出使，等到回来，胡须头发全都白了）

陈默点评　下属犯事承担，藐视投降者，威逼利诱岿然不动，坚守蛮荒只为归汉，担当苏武、正义苏武、忠君苏武、爱国苏武跃然纸上。旁白的安排巧妙妥当，增强了故事的感染力。

《烛之武退秦师》剧本

编剧：李杨

指导老师：陈默

导演：李杨

演员：秦穆公（邓世豪饰）、烛之武（刘威饰）、郑文公（李祺东饰）、晋文公（黄抚贵饰）、子犯、佚之狐（李杨饰）、门卫士兵（杨岱昕饰）

旁白：晋军和秦军联合围攻郑国，郑国此时正处于生死存亡之际。

第一幕　临危受命

佚之狐：君王，我们兵力不足以对抗两国的进攻，当下只有派出烛之武去劝退秦军，我们才有一线生机啊！

郑文公：好，召烛之武上殿。

（烛之武登场）

郑文公：本王召见你的原因想必你已经知道了吧。

烛之武：莫不是去解决当前的危机，但臣已经老了，无法担此大任，恐怕要让陛下失望了。

郑文公：之前没有重用你，是寡人之过，但是此事事关全城百姓的性命，况且对你也没有好处，还请你考虑一下。

烛之武：那臣便去试一试。

旁白：夜晚，郑文公亲自用绳子将烛之武放下城墙。

郑文公：郑国的存亡就靠你了。

第二幕　智退秦师

旁白：烛之武来到秦王帐前。

门卫士兵：站住，来者何人？

烛之武：在下是郑国的使者，前来拜见秦王。

门卫士兵：秦王已经休息了，改日吧。

（秦王醒）

秦穆公：外面什么事？

门卫士兵：郑国使者求见。

秦穆公：进来。

（门卫士兵检查了烛之武，确认没有凶器后方才让他进入）

秦穆公：这么晚了，有什么事？

烛之武：郑国面临灭亡，如果这样对陛下有好处的话，在下自然不敢深夜前来冒犯。

秦穆公：那你说来听听。

烛之武：郑国与秦国之间存在一个晋国，所以战后分割土地对秦国十分不利，不但增强了邻国的实力，这还让您失去了一个好处。

秦穆公：好处……什么好处？

烛之武：郑文公承诺，如果您放弃攻郑，郑国将为从此路过的秦国使者免费提供所需要的物资，这难道不是好处吗？况且您给了晋文公好处，他答应给您焦、瑕两座城池，可他一回国就变卦，开始修筑防御工事，这样背信弃义的人，不值得结为盟友。您想想，他得到了东边的土地，自然就想要西边的土地，到时候恐怕就要打您的主意。所以攻郑这件事，还请您再考虑考虑。

秦穆公：那好，到时候你们的承诺可要履行啊！

烛之武：一定会履行，我用我的项上人头担保！

秦穆公：来人！派杞子、逄孙和杨孙戍三人和这位先生一起回去帮助郑国。我们天一亮就回国。

烛之武（跪下）：谢秦王，秦王您深明大义，实乃大丈夫。

旁白：烛之武成功回到郑国，郑文王在城墙上等候了整整一晚，亲自开门迎接烛之武。

第三幕　转危为安

旁白：晋国听说了秦军撤退的消息。

子犯：这群贪生怕死的家伙，在下请求发兵前去袭击他们。

晋文王：万万不可，我们是靠他们的力量发展起来的，况且现在还是盟友，如果去攻打他们，只怕这传出去有损我国的名声啊，这对我们今后的发展不利。如果袭击失败，我们就有可能同时面临秦郑两国的袭击，我们还是放弃这个念头，至于攻郑，也只能缓一缓了。

子犯：这……（被晋文公打断）

晋文公：好了，不要再说了，我们撤！（全剧终）

陈默点评　本剧重在塑造烛之武形象，他受命于危难之际，抓住秦君心理，攻心、出谋、结盟，巧妙化解危机。旁白显得特别有味道，关注了细节，关注了历史发展的趋势，可见作者的功力。

活动小结　课本剧的改编演对语文教学以及学生的综合素质的提升都有极大的促进作用。激发了学生对戏剧学习的热情，使学生的创造能力有所提升。通过导演、表演排练、道具制作，促进了学生的计划能力、组织能力、协调能力和控制能力的提升，而这些都有助于学生审美能力的提升。

师生幸福
学生的审美能力得到提升

心理学研究表明，审美心理的变化体现在感知能力、感受能力、感动能力的变化。依据审美实施的顺序，笔者认为学生审美心理的变化在于审美感知能力、审美感悟能力、审美判断能力的变化。经过实践，学生发生了如下变化。

一、学生审美感知能力明显增强

苏霍姆林斯基说："对所见所闻的观察、倾听和体验，犹如通向美的世界的窗口。"可见，学生看到美是审美能力形成的第一步。在实践培养中，学生的审美感知能力逐渐增强，他们能够通过古诗文的文字观察到动态的美和静态的美，观察到自然美和社会美，观察到外在的形式美，感知到内在折射的精神美。学生能够迅速发现美的存在。笔者观赵耀世老师讲《苏武传》，学生写下这段文字。

【案例分享 2】

苏武的核心价值观是忠君爱国

王昭妃

秋风中，一位手持汉节、挥着羊鞭的老人默默伫立着，夕阳染红了他斜长的影子。那伟岸的身躯仿佛在等待着什么，那庄严的神情又仿佛在宣告什么。没错，他就是苏武，一位用顽强意志与强大生命力来宣誓他坚定不移的赤子之心的使者。再大的风雪，再饿的黎明，比起故国的尊严来都不屑一顾。他被困匈奴几十年，从一位意气风发的壮年熬成一位白发苍苍的牧羊人。匈奴人的威逼、高官厚禄的利诱均没有令他那赤诚的忠心动摇。他的核心价值观是忠君爱国。

陈默点评 古诗文中的美育因素包括人伦纲常因素和崇德修身因素，忠君和爱国分别属于这两大范畴，作者能依据人的核心价值观敏锐发现这种美的存在。

二、学生审美感悟能力明显增强

审美感悟能力是学生的审美心理素质。审美感悟就是人们对自然与社会中的人、事、物、景的内蕴的一种顿悟性认识。在实践过程中，笔者注重通过读、思、评、品四步法来提升学生的审美感悟能力。活动中，他们积极思考，吐故纳新，对古诗文中蕴藏的哲理、人生真谛感悟颇深。学完《兰亭集序》，学生有如下感悟。

【案例分享 3】

死生亦大矣，生当给生命一场花开

谭浩东

给生命一场花开，即使起初它赋予我们的只有干涸、贫瘠的土地，即使它中途赠予我们的是狂风暴雨、闪电雷鸣；还生命一场花开，因为只有它和我们的灵魂相依永存。

假如生命给予我以磨难的淬火，我要执拗的报之以歌，我坚信歌与火的交织我会升华，重生至那个繁盛的夏。人生苦短，何必为此惆怅到白头。从幼年、青年、壮年、至暮年，死神临近的那一刻，幡然醒悟：自己曾担心的只是这人生旅途必过的一场经历。淡定、执着地给生命一场花开，在岁月的流苏中慢慢老去，享受一场宠辱不惊的经历。

给生命一场花开，就是静静地等待那个美丽时刻的到来；给生命一场花开，就是开放的时候散发着自己的幽香；给生命一场花开，哪怕在无人欣赏的杂草中也要守护自己的那一树绿意。

时光静美，岁月轻柔，捧一颗淡然的素心，还生命一场花开，虽不能永恒，却也能山一程、水一程，一片云暮一座城。

陈默点评　死生亦大矣，王羲之和众少长均有迷惑之感，作者清楚地感悟了人生的真谛，找到了一种清晰的人生态度。

三、学生审美判断能力明显增强

审美判断能力是在审美感知能力和审美感悟能力的基础上形成的，属于审美效应阶段，是多次实践的结果。学生能够对古诗文中的人、情、景做出评价，评价何为美，美在何处；能对悦耳悦目、悦心悦意、悦神悦志之人、情、景积极评价、主动追求。学习《陈情表》后，一女生与父母意见相左，她写下了以下一段文字。

【案例分享 4】

《陈情表》后陈私情

陈佳

女佳言：养女数年，含辛茹苦，殷殷呵护。女深知父母苦心，望女跃龙门，出人头地。女亦心有远志，奈何目标高远，不可操之过急，需一步一印，脚踏实地。

现重中之重，唯有全力以赴冲刺高考，方可越走越远，望双亲辅佐。冲刺过程，艰苦异常，需坚持不懈，心无旁骛。望双亲不提他志，勿扰我心。女当竭尽全力，为理想、为明天，不负期望，博得辉煌。

陈默点评 学以致用，写出了当代版的《陈情表》，你追求自我志向，求无干扰，审美判断明确，有正向的审美取向。

学生的三种品质逐步形成

2004年初审通过的人教版（现行版）普通高中课程标准实验语文教科书（必修）所选的古诗文具有浓厚的人文性、鲜明的形象性和强烈的情感性，这些为学生个性的发展、学习能力的形成奠定了坚实的基础。通过美育实践活动，学生的三种品质逐渐形成：

一、学生性情更加率真

通过古诗文美育实践研究，实验班级的学生崇尚真、善、美，鞭笞假、丑、恶。他们的心理、言行与为人较实验前有较大变化。为人处世更加随意自然，不附庸风雅，不拐弯抹角，不忌讳人事，真诚真挚，率真自然。关于生死问题，学生有如下思考。

【案例分享5】

逃不过的欺骗是活着

刘思祎

人生两色，一色谓之生，一色谓之死。

人随两念，一念谓之离，一念谓之留。

生之时，千般蹉跎，思离于世。

死之时，万般嗟叹，思留于世。

俯仰之间，逝者如水，一去不再回。

人不知道自己的生命何时结束，也许就在今晚，也许再也看不见明晨叫醒自己的阳光。于是，在死去这件事情上，每个人都在装着豁达。但每个人都害怕死亡，怕自己死亡也怕别人死亡。带着对死的恐惧，欺骗自己定能一直好好活着。

死亡，也就意味着，在别人看得到的世界里，你再也不会笑，再也不会哭，再也不会像他们那样哀怒喜乐。你留给这个世界的都会消失。因为你的消失而带来的一切终将化作尘埃。你如此深爱这个世界，终将被这个世界遗弃。你害怕这样，于是，欺骗自己会一直活下去。

尽管世界不那么完美，有遗憾、失望与悲切，但与被世界抛弃比起来，又算得了什么呢？你从来都害怕孤独。对于死亡，你选择忘记，你希望每一天都活着，每一天都晴空万里，不能让悲伤带走你的太阳。

陈默点评 作者对人们对活着的渴望的大众心理描述得非常直白，小小年纪没有忌讳生与死，感情真挚，透彻透辟。

二、学生人格更加健全

学生在古诗文的“美读、美品、美悟、美写、美演”等活动中，能享受到美的刺激，并不断提高审美能力和鉴赏能力。学生在民主、健康的氛围中，增强了修养意识，坚定了正确的世界观、人生观、价值观。关于人生，学生这样告诫：

【案例分享 6】

怀东坡心，走世间路

陈姝渝

人生路非坦荡，想要不纠结、不沉闷、很洒脱，需怀东坡心，走世间路。

“载歌载舞，深得其乐，忧患来临，一笑置之”，这是东坡的人生态度。得意时，深得其乐；失意时，一笑置之。东坡是一个乐天派，一位伟大的诗人，一面官吏的明镜，一位百姓的朋友，一个集儒道佛思想于一身的大才子。他几度被贬，却总是不以为意。贬至杭州，他笑道：“我本无家更安住，故乡无此好湖山。”又被贬至黄州、惠州、儋州，他说：“问余平身功业，黄州、惠州、儋州。”对于迫害他的奸人，他也不曾怨恨，反而说：“眼前见天下无一个不是好人。”他是一位才子、词人，是美食家、政治家，更是哲思者、人生导师。

世间路不平，有时遭挫折，吾辈应当洒脱从容面对。走好人生路，应怀东坡心。

陈默点评 作者对人生路认识准确，没有一帆风顺的人生路。作者也找到了解决的办法，面对失败，坚持正确的人生观，从容洒脱地面对。

三、学生创造能力得到持续发展

高中古诗文美育课堂，充分挖掘古诗文中的美，不仅教会学生认识美，更培养其创造美的主观意识。教师指导学生将文本素材与课外素材联系起来，在比较中找到创作美的突破点，让美育课堂更具应用性和探究性，最终推动了学生创造力的可持续发展。学生通过美育实践，利用古诗文素材创造出与古诗文相关的作品，其中，实验班学生改编课本剧 9 部，发表优秀班级博客 30 篇，编辑班级古体诗集 2 本，创写古体诗歌 171 首，公开发表古诗文相关文章 4 篇。

建成幸福的古诗文教学课堂

诚如朱永新、高万祥在《教师第一课》中所说：“教师的职业尊严与价值，体现在面对社会精神匮乏、职业倦怠时每个教师的独特抉择，体现在教师的创造与超越，体现在对待课堂、对待学生的体悟，体现在对自己职业之天命的认识。”11年的从教生涯，笔者把学生幸福放在首位，追求建设既愉悦享受、又培养能力的课堂。笔者通过摸索、总结，发现并开展美育实践活动。时至今日，笔者所主导的古诗文教学课堂发生了根本性的改变。

一、美教美学，各美其美

笔者重视在教材中挖掘能够引发师生思索、引起情感共鸣的地方，坚持设计活动。在活动中，师生各尽所能，逐点挖掘古诗文中的美育因素，教师变强制灌输为挖掘展示，学生变被动接受为主动发现。在美育实施的教与学的过程中，师生的才能得到了最大限度的发挥，展示了最靓丽的羽毛，发现了自己的生命之光。

二、美教美学，美美共生

在美育实施的过程中，师生通过展示自己挖掘的美育因素，通过交流平台实现了同认知、同认同、同生成。美来自生生交流、师生交流，欣赏是双向的，精彩来自碰撞和合作。教师变一锤定音为倾听欣赏，学生变洗耳恭听为实践创造。师生在美育实施过程中交流更直接，共鸣同发生，生成更精彩。课堂时时出现掌声、喝彩声，有和谐共生、全班大同之感。

三、美教美学，美丽人生

本著作中，美育实施的理念是：在发现中认知、在认知中创造、在创造中幸福，教师变痛苦地教为幸福地教，才能得到最大限度的展示；学生变痛苦地学为幸福地学，潜能得到最大限度的发挥。师生 PK 激发热情，坚持发表让激情得以持续，在持续中不断创造，在创造中获得欣赏和提升。教师之美，美在引导、美在参与、美在欣赏；学生之美，美在自我、美在合作、美在展示；师生均更美丽。

研究的幸福在同仁中传唱

陶行知说："教师最大的幸福莫过于培养出自己崇拜的学生。"同样，教师的幸福来自于让学生幸福，让课堂幸福，带着你的同仁一起幸福。笔者在研究过程中注重发挥辐射引领作用，让一批同仁观课议课，共同学习研究。

本著作来源于课题研究，11 年研究从未中断。研究中，实验组教师 1 人的论文获得校一等奖；2 人整理编撰的美育内刊《词坛美神李清照》获得武侯区教育科学研究院第二届优秀课程建设成果三等奖；四川省成都市武侯高级中学和四川省安岳中学 70 余名教师参与了实践研究，主研人员中，1 人赛课获得县级一等奖，1 人在全县交流发言。

课题在研究期间受到县、市专家高度关注，中期成果在资阳市全市教改专委会上由笔者做推广交流，最终成果由笔者在资阳市科研结题会上做展示交流。主研人员中，2 人的论文《新课程背景下高中古诗文审美教育策略研究》获得成都市教育专改二等奖，1 人的论文获得资阳市人民政府三等奖，1 人赛课获得资阳市一等奖。

课题研究中期成果于2015年被评为四川省教育科研资助金项目课题研究阶段成果二等奖；广安二中、武胜中学、蓬溪中学、乐至中学同仁到校学习美育操作路径。主研人员中，1 人的论文经评选获得省二等奖，1 人的论文经评选获得全国一等奖，1 人的《念奴娇・赤壁怀古》赛课获得全国一奖，陈默在全国中文核心期刊《中学语文教学参考》上发表相关论文 3 篇。

课题研究的实践操作步骤简单清晰，各位同仁在观课、议课的过程中见证了课堂的真实、见证了设计的巧妙、见证了师生的精彩、见证了课堂的幸福。他们把操作步骤带回自己的课堂，照例搭建了班级学生的交流平台和展示平台。他们发现了不一样的精彩，也收获了更多的幸福。反馈让笔者觉得探索有意义，因为研究的幸福在同仁中得到了传唱。

专家和同行评价

如何把沉淀着中华民族文化基因的古诗文，用审美的方式演绎出来，并在这个过程中，促进学生文化人格的养成？这不仅是一个教学问题，也是一个文化问题：用什么方式传递一个国家的优秀文化？

读到陈默老师的这本专著，我眼前一亮。我看到了一个在苦教中苦索，在美教中美学，在美读中美创的教育探路者形象。作为一个喜欢中华传统文化的人，我很欣喜古蜀文化有这样的后继者。

在我看来，陈默老师的视野在同类专著中有了可喜的突破：选择古诗文固然是为了传承经典，给学生的成长打上中国文化印记，但他的着眼点，却是近代文化革命后文言与白话的隔膜，这恰恰是当今经典传承最大的障碍。破除这一文化天堑，让文言功底较浅的一代人，如何去接近经典，亲近经典，热爱经典，是教育者必须思考的问题。陈默老师的做法，恰恰击中中华文脉之殇。因此我称他为“探路者”，绝非溢美之词。

不仅如此，他选择了美育这一抓手，使语言的隔膜在审美的熏陶中释然，非常吻合文化养育的规律。在传统文化进教材、进校园、进考试的潮流下，在中华文化复兴与崛起的语境下，教育人通过教育的方式思考如何解决历史与文化的难题，从而让学生在文化的坦途上奔跑。我以为，陈默老师做了这个时代先觉者应该做的事。

因此，我建议关注古诗文教学和传统文化复兴的人，都来读一读这位才华横溢的探路者的作品，它留给我们的启示，值得我们执卷回味，品读三思。

——全国语文教育研究与发展中心副理事长、全国中小学生文化作文大赛组委会副主任、中国写作学会文化作文训练营首席专家、教育部关工委社区教育中心课题规划中心副主任　谭蘅君

雾里看花，上下求索；悉心研究，柳暗花明！可喜可贺的是，陈默老师把高中语文古诗文教学中的困惑作为问题研究，另辟蹊径，探索出了一条高中古诗文教学的新路，即建构美育课堂，实现教师的“美教”、学生的“美学”，师生拥有美丽人生！这本书全方位展现了作者对于高中古诗文审

美教育的思考与实践，呈现了典型个例，操作性强，成果丰硕。读这本书，能寻觅到古诗文审美教育的操作路径，能看到高中语文古诗文教学的新气象！这是一本值得一线中学语文教师阅读的好书！

——全国百佳语文教师、四川省中小学教学名师、资阳市领军人才　陈家武

英国美学学会主席赫伯特·里德在其《寓教育于艺术》中指出："美育不仅成为当今教育中的要重要组成部分，而且大有可能成为整个教育的基础和整个教育改革的突破口。"当下，新课改的核心精神和语文美育的内涵一脉相通，美育教学日益丰富。在美育教学的众多内容中，文质兼美的古诗文颇受重视。然而，现实中，不少学校分数至上，有意无意地忽视古诗文教学中的美育，让美育落不到实处，实在令人遗憾。而陈默老师却能坚守 11 年，苦心经营他的梦想，不停地阅读、不停地写作、不停地实践，将文学与美育有机融合，铺展开古诗文教学诗性与理性的唯美画卷，这种勤奋钻研的精神让人感佩。

一名语文教师首先应该是一个播种者。陈默老师在这本书里播下了许许多多美好的种子：文学的、美学的，自然的、人性的，历史的、文化的。全书如同灿烂的星河，神秘、深邃而丰富，蕴藏着关乎生命、成长、个性等学生健康发展需要的理性认知，较为全面地揭示了陈默老师心中的语文教育观。陈默老师将美育融入课堂，将传统文化根植学生心灵，形成资源，入情入境，美美共生，开拓了古诗文教学的新天地。这需要勇气，更需要智慧与内蕴。

请别错过这一本好书。它带给我们的不仅是一种全新的视角，也是一种教学的精神；它将带领我们走进不一样的古诗文教学，看到不一样的美育世界。

——全国中文核心期刊《中学语文教学参考》编辑　曹海英

"美育为学生一生幸福奠基"，很有同感！对美敏感的人，会不自觉地去发现美、感受美和创造美。陈默校长大胆探索，勇于尝试，他凭着对美的热忱和感受带领着学生开创出了一条美丽芬芳的古诗文教学之路，将那些让许多师生苦不堪言的古诗文学习之旅变成了一次次美的挖掘、美的鉴赏、美的传递的幸福之旅！这本书，为古诗文教学提供了崭新的思路，绝对是让师生从此爱上古诗文的好书！语文老师，你值得拥有！

——广东省特级教师、广东省湛江市东海书院研究院院长　江海燕

参考文献

[1] 王岗峰. 美育与美学[M]. 厦门：厦门大学出版社，2003.

[2] 朱立元. 美学[M]. 北京：高等教育出版社，2003.

[3] 叶朗. 美在意向[M]. 北京：北京大学出版社，2010.

[4] 彭华生，翟启明. 语文美育心理研究[M]. 成都：四川大学出版社，2001.

[5] 袁振国. 教育研究方法[M]. 北京：高等教育出版社，2000.

[6] 侯怀银. 教育研究方法[M]. 北京：高等教育出版社，2009.

[7] 苏霍姆林斯基. 和青年校长谈话[M]. 上海：上海教育出版社，1983.

[8] 蔡元培. 蔡元培美育论集[M]. 北京：北京大学出版社，1983.

[9] 朱永新，高万祥. 教师第一课[M]. 福州：福建教育出版社，2013.

[10] [苏]巴班斯基. 教学教育过程最优化[M]. 吴文侃，译. 北京：教育科学出版社，2009.

[11] 中华人民共和国教育部. 普通高中语文课程标准：实验[S]. 北京：人民教育出版社，2003.

[12] 孙焘. 提升人生境界与"大美育"[J]. 文艺争鸣，2010（8）.

[13] 李晓红，霍雅娟. 中国古代文学与美育[J]. 赤峰学院学报，2010（11）.

[14] 邹华. 杜威美育思想简论[J]. 首都师范大学学报：社会科学版，2010（5）.

[15] 叶朗. 谈意境[J]. 文艺研究，1998（1）.

[16] 陈光辉. 论高中语文教师的专业素养[J]. 新课程，2010（6）.

[17] 贺湘云. 浅谈学生审美期待[J]. 湖南教育学院学报，2000（52）.

[18] 陈默. 抓住新三美，难点易应对[J]. 中学语文教学参考，2009（6）.

[19] 李岚清. 加强美育工作，提高学生素质[N]. 中国教育报，1997-7-7.

[20] 杨贵仁. 将美育融入学校教育全过程[N]. 中国教育报，2001-11-14.

让幸福把教学滋养

（后记）

经过 11 年的努力，终于诞下了一个可爱的孩子——《让课堂充满幸福——高中古诗文美育策略研究》。在本书统稿出版之际，我生发了一个强烈的愿望：让它陪伴更多的同仁走上幸福的教学之路。

诚如高万祥在《教师第一课》中说："应试教育是简单劳动，它带给学生和老师的永远是痛苦和灾难，而抵制应试教育，拯救学生拯救老师拯救中国教育最好的行动，一定属于真正的教改科研。"本书是我的教学实践改革之作，以现行版语文教材为蓝本进行研究，追求的是高效和实效。通过教师的引导点燃学生的探索欲和创造欲，打破了传统的仅仅关注知识点、关注高考的教学模式。教师和学生真正在发现、真正在鉴赏、真正在重构、真正在展示。这一过程，充满了新奇、感动和幸福。这种幸福滋养着课堂，滋养着教师加强专业修炼和职业素养。

本书分为认识篇——美育现状，操作篇——美育路径，成果篇——美育收获，研究既响应了国家加强美育、提升学生的核心素养的号召，也关照了教学实际，特别是课堂教学实际。作为一种课堂常态研究而生成的本书，有很大的借鉴意义，它能引导师生爱学习爱发现，它能激发师生爱创造爱展示，它能促进师生享受美收获美。

本研究结束后，我还有三点畅想，亟待与各位同仁、相关部门分享。第一，美育怎样走向家校社区共育？蔡元培在《创办国立大学之提案》中明确提出"美育之实施，培养美的创造及鉴赏知识，而普及于社会"，可见美育可分为学校教育、家庭教育、社会教育三个方面。因此，家、校、社区共育是强化美育的关键，加强家校沟通，家庭搭建美育平台，让美育得到强化；社区普及美育知识，让社会公民人人接受美育。现代教育者普遍认为"5+2=0"，讲的就是 5 天学校教育所形成的良好习惯，放假 2 天，学生在家庭、社会的影响下好习惯消失殆尽的怪现象。为了走出"5+2=0"的怪圈，美育应当让家庭、社区也行动起来，以免前功尽弃。第二，如何建立美育评价机制？主管部门应将美育教育效果以量化表格的形式呈现，并将其作为考核学校教育质量的一个有机组成部分，并且建立相应的评价体系，使其规范化。学校对班集体、对教师的考核评比同样如此，改变以往简单地以成绩作为唯一标准的评估模式。美育实施应该涵盖各学科课程，把学生的审美能力纳入考核体系，包括鉴赏美、创造美的成果展示和审美价值观考核。评价机制不健全，美育永远停留在口头上、停留在教师的自觉行动中、停留在零星开展中。第三，应当进一步拓展美育实施的步骤。美育的实施步骤可以概括为：学校、社会、家庭明确美育概念—学校明确美育责任—教师挖掘美育因素—师生共同营造美育境场—学生受美育因素影响—学生形成率真性情、高尚人格、创造能力—学校、家庭、社区搭建平台巩固成果—主管部门制订细则对美育成果进行评价—美育成果影响学生乃至社会公民一生的发展。

以上反思和建议仅代表个人思考，本研究还将继续进行，望有识之士多提宝贵意见和建议，让我们一起将美育进行到底。美育之美，美在人人，美在共美。

陈　默

2016 年 11 月 20 日于四川省成都市武侯高级中学

致　谢

感谢四川省成都市武侯高级中学校长、成都市特级校长张剑老师，正是由于他的赏识我才能进入四川省成都市武侯高级中学这所帮助每位老师成长的好学校；正是由于他的不断鞭策我才树立了走向更高境界的职业追求。他的每一句叮咛让我倍感责任重大，是他鼓励我持续研究、出版专著。

感谢四川省正高级教师、特级教师、四川省安岳中学副校长尹文江老师，正是由于他一直以来的肯定、欣赏和搀扶，我才能不断成长与进步，是他引领我走上学习之路、研究之路。作为他的同仁，他不是学校正式任命的我的指导老师，但他对我的影响是深刻的、指导是悉心的。

感谢四川省教学名师陈家武老师，他是一位热爱工作、勤于工作、乐于工作的好老师。做他的徒弟是一件幸福的事，因为他无私地将所有的经验传授给我，帮我分担烦恼，帮我解决我教学工作中遇到的难题，指导我学会读、思、写、研，这奠定了我做好语文教师的坚实基础。在本书成书之前，在课题研究阶段，他也是主要研究人员之一，他收集整理了部分案例并参与研究且对研究提出指导意见。我也一直在他的名师工作坊学习和成长。

感谢资阳市教科所的伍建清老师，她觉得本研究重在培养学生的审美能力，为提升学生的幸福生活指数奠基，很有意义，很值得去研究。是她一直搭建平台让我多次对本研究的成果进行展示，鼓励我坚定地研究，才有了本书的问世。

感谢王红生老师，他一直关注我的成长。刚刚参加工作的时候，他作为我的学科教学指导老师，每周都会深入课堂听课指导，引导我不断前行。

感谢恩师——西华师范大学的周晓林教授，她是一位被众多一线教师公认的正直的学者，她亲切、和蔼，颇受老师和同学们的爱戴与尊重。在本书成书之前，在硕士论文撰写阶段，她在百忙之中抽出时间，指导我梳理框架，构建系统认知，耐心解答我的疑惑，还不断鼓励和支持我，给予我很多帮助，让我充满力量继续修改和完善。师从周晓林教授，我被她广博的知识、敏锐的洞察力所折服，惊羡她严谨的治学精神，更佩服她作为学者的风度，她的谆谆教诲和一言一行影响了我对待工作和研究的态度。

感谢本书作为研究项目时的搭档赵耀世、陈利、刘衍虎、高峰、杨琴、张婷婷、钟迪瑾、杨专，他们收集整理的部分学生作品，成为本书的重要支撑材料。感谢帮助我校稿的西南大学文学院学生杨媛媛、新疆师范大学文学院学生孟璇。

感谢朋友袁成，在我与他说起打算写书时，他就一直给予我强有力的鼓励与支持，成书过程中，他帮我一字一句斟酌，提出建议，全心全意帮助我。

感谢四川省安岳中学、四川省成都市武侯高级中学的所有同仁，是大家的智慧引导我不断成长。感谢我教过的四川省安岳中学高 2011 级 7 班、高 2014 级 3 班以及四川省武侯高级中学高 2014 级 8 班、高 2014 级 5 班、高 2015 级 3 班的所有孩子们，是你们的陪伴、你们的支持让我发现研究的价值。

感谢为本书作序的刘祥老师，为本书作点评的谭蘅君老师、曹海英老师、江海燕老师，他（她）们的鼓励让我充满信心，继续努力前行。

这本书是我的处女作，里面包含了我的一些教育教学探索和成长记录，或许能给读者一些启发和思考。但由于资历尚浅，文中可能有不妥之处，还望不吝赐教。在这里，我先向您表达深深的谢意。

陈　默

2016 年 11 月 20 日于四川省成都市武侯高级中学